Weisheiten aus Jahrtausenden

Hinweis des Herausgebers

Das vorliegende Buch, das 1925 erstmals veröffentlicht wurde, informiert über Methoden der Selbstentwicklung, die auf persönlichen Erfahrungen der Autorin beruhen. Wer sie anwendet, tut dies in eigener Verantwortung. Der Herausgeber beabsichtigt nicht, Diagnosen zu stellen oder therapeutische Ratschläge zu geben. Die nachstehend beschriebenen Methoden sind keinesfalls als Ersatz für professionelle therapeutische Behandlung bei psychischen oder gesundheitlichen Problemen zu verstehen.

Florence Scovel Shinn

Das Lebensspiel

und wie man es spielt

- The Game of Life and How to Play It -

Aus dem Amerikanischen von

Günter W. Kienitz

Florence Scovel Shinn: Das Spiel des Lebens und wie man es spielt
Titel der Originalausgabe: The Game of Life and How to Play It
Erstausgabe in englischer Sprache: 1925
Übersetzung aus dem Englischen: Günter W. Kienitz
Überarbeitete 2. Auflage: Juli 2015
© 2015 by Günter W. Kienitz
Internet: weisheiten-aus-jahrtausenden.de

Bibliografische Information der Deutschen Nationalbibliothek:
Die Deutsche Nationalbibliothek verzeichnet diese Publikation in der Deutschen Nationalbibliografie; detaillierte bibliografische Daten sind im Internet über http://dnb.dnb.de abrufbar.

Umschlaggestaltung: Bettina Kienitz
unter Verwendung eines Motivs von Ferdinand du Puigaudeau

Herstellung und Verlag: Books on Demand GmbH, Norderstedt

ISBN: 978-3-8423-4873-8

Inhalt

Das Spiel

Die meisten Menschen halten das Leben für einen Kampf, doch es ist kein Kampf, sondern ein Spiel.

Erfolgreich spielen kann dieses Spiel nur, wer das Spirituelle Gesetz kennt. Die Regeln dazu finden sich klar und deutlich im Alten und im Neuen Testament. Die Grundlage des großartigen Spiels, so lehrt uns Jesus Christus, ist Geben und Nehmen.

„Denn was der Mensch sät, das wird er auch ernten"[1]. Das bedeutet, dass alles, was der Mensch in Worte fasst oder tut, eines Tages zu ihm zurückkehrt; denn was er gibt, erhält er auch.

Sendet er Hass aus, wird er Hass erfahren; sendet er Liebe aus, wird ihm Liebe zuteil; kritisiert er andere, wird er kritisiert werden; lügt er, wird er belogen; betrügt er, wird er betrogen. Wir erfahren auch, dass die bildliche Vorstellungskraft eine wesentliche Rolle im Spiel des Lebens spielt.

„Behüte dein Herz (deine Vorstellungskraft) mit allem Fleiß; denn daraus geht das Leben."[2]

Das bedeutet: Was der Mensch sich bildlich vorstellt, wird früher oder später in seinem Leben physisch in Erscheinung treten. Ich weiß von einem Mann, der sich vor einer bestimmten Krankheit fürchtete. Sie war selten und daran zu erkranken höchst unwahrscheinlich, doch er beschäftigte sich ständig in Gedanken damit und las viel darüber, bis er tatsächlich an der Krankheit litt und als Opfer seiner fehlgeleiteten Vorstellung schließlich daran starb.

Wir sehen also, dass wir unsere bildliche Vorstellungskraft trainieren müssen, um das Spiel des Lebens erfolgreich spielen zu kön-

1 - Galater 6.7
2 - Sprüche 4.23

nen. Ein Mensch, der seine Vorstellungskraft darauf ausgerichtet hat, nur Gutes zu sehen, wird „alles, was er sich recht von Herzen wünscht" in sein Leben ziehen: Gesundheit, Wohlstand, Liebe, Freunde, vollkommene Selbstverwirklichung und seine höchsten Ideale.

Die Vorstellungskraft wurde auch „Schere des Geistes" genannt, die Tag für Tag die Bilder ausschneidet, die der Mensch sich innerlich vor Augen führt, bis er seinen eigenen Schöpfungen früher oder später in der physischen Welt begegnet. Um seine Vorstellungskraft erfolgreich trainieren zu können, muss der Mensch verstehen lernen, wie sein Geist und sein Denken funktionieren. Die Alten Griechen sagten: „Erkenne dich selbst."[3]

In unserer Psyche lassen sich drei Bereiche unterscheiden: das Unbewusste, das Bewusste und das Überbewusstsein. Das Unbewusste ist Energie ohne Richtung. Wie Dampf oder elektrischer Strom führt es aus, wozu es angeleitet wird; aus sich selbst heraus aktiv werden, kann es nicht.

Was auch immer ein Mensch mit tiefem Gefühl empfindet oder sich lebhaft bildlich vorstellt, prägt sich seinem Unbewussten ein und wird von diesem minutiös ausgeführt.

Ein Beispiel: Eine Frau, die ich kenne, "spielte" als Kind gerne Witwe. Sie kleidete sich ganz in Schwarz und trug einen langen schwarzen Schleier. Die Leute hielten sie deshalb für aufgeweckt und fanden ihr Verhalten amüsant. Als sie erwachsen war, heiratete sie einen Mann, den sie innig liebte. Doch der starb bereits nach kurzer Zeit und sie trug jahrelang schwarze Kleider und Trauerflor. Das Bild von sich selbst als Witwe hatte sich so tief in ihr Unbewusstes eingeprägt, dass es sich ungeachtet der schrecklichen Konse-

3 - Sokrates

quenz im Lauf weniger Jahre verwirklichte.

Das Bewusste wird auch als vergängliches oder Bewusstsein des Fleisches bezeichnet.

Es ist der Teil des menschlichen Bewusstseins, der das Leben so sieht, *wie es zu sein scheint*. Es richtet sein Augenmerk auf Tod, Unglück, Krankheit, Armut sowie jede Art von Begrenzung und prägt all dies dem Unbewussten ein.

Das *Überbewusstsein* ist der Geist Gottes in jedem Menschen und das Reich vollkommener Ideen. Es enthält das „perfekte Muster", von dem Platon sprach, den *göttlichen Entwurf*, den es für jeden Menschen gibt.

„Es gibt einen Platz, den du ausfüllen sollst und den niemand sonst auszufüllen vermag; etwas, das du zu tun hast, was kein anderer tun kann."[4]

Im *Überbewusstsein* findet sich ein vollkommenes Bild davon. Dieses Bild blitzt gewöhnlich nur hin und wieder als unerreichbar scheinendes Ideal im Bewusstsein auf, als „etwas, das zu gut ist, um wahr zu sein".

In Wirklichkeit ist es aber die wahre Bestimmung des Menschen, die ihm von der Unendlichen Intelligenz, die *in ihm wohnt*, in aufblitzenden Bildern aufgezeigt wird.

Vielen Menschen ist ihre wahre Bestimmung jedoch unbekannt. Deshalb rackern sie sich damit ab, Dinge zu erlangen und Umstände zu schaffen, die ihnen nicht zugedacht sind, und die nur zu Misserfolgen und Unzufriedenheit führen würden, sollten sie jemals erreicht werden.

Ein Beispiel: Eine Frau suchte mich auf und bat mich, „das Wort zu sprechen", das bewirken sollte, dass sie einen Mann heiraten

4 - Platon

würde, den sie sehr liebte. (Sie nannte ihn A. B.)

Ich antwortete darauf, dass ich damit die geistigen Gesetze verletzen würde, und dass ich stattdessen „das Wort" für den richtigen Mann sprechen würde, die „göttliche Wahl", den Mann, der kraft göttlichen Rechtes zu ihr gehörte.

Ich fügte hinzu: „Wenn A. B. der richtige Mann für Sie ist, können Sie ihn nicht verlieren. Ist er es aber nicht, werden Sie einen passenden anderen Mann finden." Sie traf sich zwar regelmäßig mit Herrn A. B., doch die Beziehung der beiden kam nicht voran. Eines Abends kam sie zu mir und sagte: „Wissen Sie, seit einer Woche finde ich Herrn A. B. gar nicht mehr so wunderbar." Ich antwortete: „Vielleicht ist er ja nicht die göttliche Wahl - gut möglich, dass ein anderer Mann der richtige für Sie ist."

Bald darauf lernte sie tatsächlich einen anderen Mann kennen, der sich sofort in sie verliebte und ihr erklärte, sie wäre die ideale Frau für ihn. Außerdem sagte er ihr all die Dinge, die sie von Herrn A. B. gern gehört hätte. „Es ist schon beinahe unheimlich", fand sie. Bald darauf erwiderte sie seine Liebe und verlor jegliches Interesse an Herrn A. B.

Diese Geschichte illustriert das Gesetz der Substitution. Weil eine falsche Idee durch eine richtige ersetzt wurde, war kein Verlust oder Opfer damit verbunden.

Jesus Christus sagte: „Trachtet am ersten nach dem Reich Gottes und nach seiner Gerechtigkeit, so wird euch solches alles zufallen."[5] Und er wies daraufhin, dass dieses Reich dem Menschen *innewohne*.

Das Reich Gottes ist das Reich der *richtigen Ideen* oder des göttlichen Musters.

5 - Matthäus 6.33

Jesus Christus lehrte, dass das, was der Mensch sagt, eine wesentliche Rolle im Spiel des Lebens spielt. „Aus deinen Worten wirst du gerechtfertigt, und aus deinen Worten wirst du verdammt werden."[6]

Viele Menschen haben durch unbedachte Worte Unglück in ihr Leben gezogen.

Ein Beispiel: Vor einiger Zeit fragte mich eine Frau, warum ihr Leben auf einmal von Armut und Beschränkungen geprägt sei. Zuvor hatte sie ein eigenes Heim gehabt, war von wunderschönen Dingen umgeben gewesen und hatte über viel Geld verfügt.

Wir fanden heraus, dass ihr die Führung des Haushalts oft zu viel gewesen war, und dass sie immer wieder gesagt hatte: „Ich habe das alles so satt - ich wünschte mir, ich würde in einem Schrankkoffer leben." Und sie fügte hinzu: „Heute lebe ich in einem Schrankkoffer." Sie hatte sich selbst in einen „Koffer" hineingeredet.

Das Unbewusste hat keinen Sinn für Humor und so passiert es häufig, dass Leute sich durch Dinge, die sie nur so im Spaß sagen, Probleme und Unglück in ihr Leben ziehen.

Ein Beispiel: Eine Frau, die über viel Geld verfügte, sagte oft im Spaß, dass sie bald „reif für das Armenhaus sei". Und innerhalb von wenigen Jahren war sie nahezu mittellos, weil sie ihrem Unbewussten ständig ein Bild von Mangel und Beschränkung eingeimpft hatte.

Zum Glück wirkt das Gesetz in beiden Richtungen, sodass auch ein Zustand des Mangels in einen des Wohlstands verwandelt werden kann.

Ein Beispiel: An einem heißen Sommertag kam eine Frau zu mir und bat mich um eine „Behandlung" für Wohlstand. Sie war ausgelaugt, niedergeschlagen und entmutigt. Sie sagte mir, dass sie gerade

6 - Matthäus 12.37

noch acht Dollar besäße.

Ich antwortete: „Gut, dann werden wir diese acht Dollar segnen und sie vermehren, so wie Jesus Christus das Brot und die Fische vermehrt hat." Denn er hat uns gelehrt, dass jeder Mensch über die Macht verfügt, zu segnen und zu vermehren, zu heilen und gedeihen zu lassen.

„Was soll ich denn jetzt tun?", wollte sie wissen.

„Folgen Sie Ihrer Intuition", schlug ich ihr vor. „Haben Sie irgendeine Ahnung, die Ihnen sagt, dass Sie etwas Bestimmtes tun oder irgendwohin gehen sollten?" Intuition bedeutet, auf die innere Stimme zu hören oder sich von einem inneren Antrieb leiten zu lassen. Sie ist dem Menschen ein unfehlbarer Führer und ich werde mich in einem späteren Kapitel ausführlicher mit ihren Gesetzen befassen.

Die Frau sagte: „Ich weiß nicht recht - aber mir scheint, ich sollte nach Hause zurückkehren. Mein Geld reicht gerade noch für die Fahrkarte." Sie wohnte in einer anderen Stadt unter sehr beschränkten Umständen, und der Verstand hätte ihr sicher gesagt: „Bleib in New York, such dir Arbeit und sieh zu, dass du Geld verdienst."

„Dann fahren Sie nach Hause", antwortete ich. „Eine Eingebung sollte man nie in den Wind schlagen." Ich sprach die folgenden Worte für sie: *„Unendlicher Geist, mache den Weg für große Fülle für Frau ... frei. Sie ist ein unwiderstehlicher Magnet für all das, was ihr nach göttlichem Recht zusteht."* Ich empfahl ihr, diese Worte immer wieder auch selbst zu sagen. Sie machte sich unverzüglich auf den Heimweg.

Als sie dort bald darauf eine Frau besuchte, kam sie in Kontakt mit einem alten Freund ihrer Familie. Über diesen Freund erhielt sie auf höchst wundersame Weise Tausende von Dollar. Sie hat oft zu mir gesagt: „Erzählen Sie den Leuten von der Frau, die mit acht Dollar und einer Eingebung zu Ihnen kam."

Auf dem Lebensweg des Menschen gibt es stets Fülle; aber sie kann sich nur durch Wunsch, Glaube oder das gesprochene Wort manifestieren. Jesus Christus hat deutlich zu verstehen gegeben, dass der Mensch *den ersten* Schritt tun muss.

„Bittet, so wird euch gegeben; suchet, so werdet ihr finden; klopfet an, so wird euch aufgetan."[7]

In der Heiligen Schrift lesen wir auch: „Weist meine Kinder und das Werk meiner Hände zu mir!"[8]

Die Unendliche Intelligenz, Gott, ist immer bereit, die kleinsten und die größten Bitten des Menschen zu erfüllen.

Jeder Wunsch, in Worte gefasst oder unausgesprochen, ist eine Bitte. Oft sind wir verblüfft, wenn sich ein Wunsch ganz plötzlich und wie von selbst erfüllt.

Ein Beispiel: Ich hatte einmal vor Ostern in den Schaufenstern der Blumenläden so viele wunderschöne Rosenstöcke gesehen, dass ich mir wünschte, einen geschenkt zu bekommen, und für einen kurzen Moment sah ich vor meinem inneren Auge, wie einer an meiner Tür abgeliefert wurde.

Ostern kam und brachte mir einen herrlichen Rosenstock. Ich bedankte mich am nächsten Tag bei meiner Freundin dafür und erwähnte, dass ein Rosenstock genau das sei, was ich mir gewünscht hatte.

„Ich habe dir keinen Rosenstock geschenkt", antwortete sie. „Ich habe dir Lilien geschickt!"

Offensichtlich hatte der Gärtner die Bestellungen verwechselt und mir einen Rosenstock gebracht, weil ich das Gesetz aktiviert

7 - Matthäus 7.7
8 - Jesaja 45.11

hatte und deshalb *einen Rosenstock bekommen musste.*

Nichts steht zwischen einem Menschen und seinen höchsten Idealen oder seinen Herzenswünschen, als Zweifel und Furcht. Wenn ein Mensch sich etwas ohne jeden Zweifel am Ergebnis zu wünschen vermag, wird ihm jeder Wunsch augenblicklich erfüllt.

Die wissenschaftlichen Gründe dafür und wie die Furcht aus dem Bewusstsein gelöscht werden muss, werde ich in einem späteren Kapitel ausführlicher erläutern.

Die Furcht ist der einzige Feind des Menschen - Furcht vor Mangel, Furcht vor Misserfolg, Furcht vor Krankheit, Furcht vor Verlust oder ein Gefühl der *Unsicherheit in irgendeinem Bereich.* Jesus Christus sagte: „Ihr Kleingläubigen, warum seid ihr so furchtsam?"[9] Wir sehen also, dass wir Furcht durch Glauben ersetzen müssen, denn Furcht ist nichts anderes als verkehrter Glaube; sie ist der Glaube an das Übel anstatt an das Gute.

Ziel des Lebensspiels ist es, klar und deutlich das Gute in sich selbst zu erkennen und alle negativen mentalen Bilder auszulöschen. Dies geschieht dadurch, dass man dem Unbewussten einprägt, Gutes zu verwirklichen.

Ein brillanter und sehr erfolgreicher Mann erzählte mir einmal, dass alle Furcht auf einen Schlag aus seinem Unterbewussten verschwand, als er ein Schild las, das in einem Zimmer an der Wand hing. Darauf stand in großen Lettern:

„Warum sich sorgen? Es wird wahrscheinlich nie passieren."

Diese Botschaft hatte sich unauslöschlich seinem Unbewussten eingeprägt, und der Mann ist seitdem der festen Überzeugung, dass nur Gutes in sein Leben kommen und sich deshalb auch *nur Gutes manifestieren kann.*

9 - Matthäus 8.26

14

Im folgenden Kapitel werde ich mich mit den verschiedenen Methoden, dem Unbewussten etwas einzuprägen, befassen. Es ist dem Menschen ein treuer Diener, man muss jedoch darauf achten, ihm die richtigen Anweisungen zu geben. Der Mensch hat jederzeit einen schweigenden Zuhörer an seiner Seite - sein Unbewusstes.

Jeder Gedanke, jedes Wort prägt sich ihm ein und wird von ihm mit erstaunlicher Genauigkeit ausgeführt. Es ist wie bei einem Sänger, der eine Schallplatte aufnimmt. Seine Stimme wird Ton für Ton auf der Platte festgehalten. Wenn er hustet oder zögert, wird dies ebenfalls aufgenommen. Wir sollten deshalb alle schlechten alten Schallplatten in unserem Unbewussten zerbrechen, all jene „Aufnahmen" aus unserem Leben also, die wir nicht länger behalten möchten, und stattdessen wunderschöne neue produzieren.

Sprechen Sie mit Macht und Überzeugung folgende Worte laut: „Ich zerbreche und vernichte (durch mein gesprochenes Wort) jede unwahre Aufnahme in meinem Unbewussten. Sie sollen auf die Müllhalde ihrer ursprünglichen Bedeutungslosigkeit zurückkehren, denn sie entstammen meiner eigenen Einbildung. Ich erstelle jetzt durch den Christus in mir perfekte Aufzeichnungen, die Gesundheit, Wohlstand, Liebe und vollkommene Selbstverwirklichung beinhalten." Dies ist *The Square of Life* (das Quadrat des Lebens) - das Spiel des Lebens in Vollendung.

In den folgenden Kapiteln erläutere ich, wie der Mensch *seine Lebensumstände ändern kann, indem er seine Aussagen ändert.* Jeder, der die Macht des Wortes nicht erkennt, lebt hinter der Zeit.

„Tod und Leben stehen in der Zunge Gewalt."[10]

10 - Sprüche 18.21

Das Gesetz des Wohlstands

„So wird der Allmächtige dein Gold sein
und wie Silber, das dir zugehäuft wird.[11]“

Eine der großartigsten Botschaften der Heiligen Schrift an die Menschheit ist die, dass Gott die unerschöpfliche Quelle der Versorgung ist, und dass der Mensch *durch das gesprochene Wort* alles daraus anfordern kann, was ihm nach göttlichem Recht zusteht. Allerdings muss er dazu *ganz und gar darauf vertrauen*.

Jesaja sagte: „Also soll das Wort, so aus meinem Munde geht, auch sein. Es soll nicht wieder zu mir leer kommen, sondern tun, was mir gefällt, und soll ihm gelingen, dazu ich's sende.“[12]

Wir wissen heute, dass Worte und Gedanken eine mächtige schwingende Energie darstellen, die ständig den Körper und die Angelegenheiten des Menschen formen.

Eine Frau kam in großer Not zu mir und berichtete, dass sie am Fünfzehnten des Monats auf die Zahlung von dreitausend Dollar verklagt werden würde. Sie hatte keine Ahnung, wo sie das Geld hernehmen sollte, und war deshalb völlig verzweifelt.

Ich erklärte ihr, dass Gott ihre Quelle sei, und *dass es für jedes Bedürfnis Erfüllung gebe*.

Also sprach ich das Wort! Ich sagte Dank dafür, dass die Frau rechtzeitig und auf rechte Weise dreitausend Dollar erhalten würde. Ich erklärte ihr, dass sie rückhaltlos an die Erfüllung ihres Wunsches glauben und *entsprechend handeln* müsse. Der Fünfzehnte kam, aber kein Geld.

11 - Hiob 22.25
12 - Jesaja 55.11

Sie rief mich an und fragte mich, was sie nun tun solle.

Ich antwortete: „Heute ist Samstag, also werden Sie heute auf keinen Fall verklagt. Ihre Aufgabe ist es, so zu handeln, als wären Sie reich, um dadurch Ihren Glauben daran zu beweisen, dass Sie das Geld bis zum Montag haben werden."

Sie lud mich mittags zum Essen ein, um ihr zu helfen, den Mut nicht zu verlieren. Als ich sie im Restaurant traf, sagte ich: „Sie sollten jetzt auf keinen Fall sparen. Bestellen Sie etwas Teures, tun Sie ganz so, als hätten sie die dreitausend Dollar bereits erhalten."

„Alles, was ihr bittet im Gebet, so ihr *glaubet*, werdet ihr's empfangen."[13] „Sie müssen so tun, als hätten sie es *bereits* empfangen." Am nächsten Morgen rief sie mich an und bat mich, den Tag mit ihr zu verbringen. „Nein", sagte ich, „sie werden göttlich beschützt und Gott kommt nie zu spät."

Am Abend desselben Tages rief sich mich völlig aufgeregt noch einmal an. „Meine Liebe, ein Wunder ist geschehen! Ich saß heute Vormittag in meinem Zimmer, als es an der Tür klingelte. Ich sagte zu meinem Mädchen: ‚Lass niemanden herein.' Doch das Mädchen schaute zum Fenster hinaus und sagte: ‚Es ist Ihr Vetter mit dem langen weißen Bart.'

Also wies ich es an: ‚Lauf ihm nach. Ich würde ihn gerne sehen.' Er war schon fast um die Ecke, als er das Mädchen rufen hörte, und kam zurück.

Wir unterhielten uns eine Stunde lang und als er ging sagte er: ‚Ach, übrigens, wie sieht's denn mit deinen Finanzen aus?'

Ich erklärte ihm, dass ich dringend dreitausend Dollar benötigte und er antwortete: ‚Nun, meine Liebe, ich kann sie dir am nächsten Ersten geben.'

13 - Matthäus 21.22

Ich wollte ihm nicht sagen, dass ich verklagt werden würde. Was soll ich jetzt nur tun? Ich werde das Geld nicht vor dem Ersten des Monats bekommen, brauche es aber doch schon morgen."

„Ich werde Sie weiterhin ,behandeln'", antwortete ich.

Ich sagte: „Der Geist kommt nie zu spät. Ich danke dafür, dass sie das Geld im unsichtbaren Reich schon erhalten hat und dass es sich rechtzeitig manifestieren wird."

Am nächsten Morgen rief ihr Vetter sie an und sagte: „Komm heute Vormittag zu mir ins Büro und ich gebe dir das Geld."

Am selben Nachmittag hatte sie dreitausend Dollar auf ihrem Bankkonto und schrieb, so schnell ihre Aufregung es erlaubte, Schecks aus.

Wenn jemand um Erfolg bittet, sich aber auf Misserfolg einstellt, wird er die Situation erreichen, auf die er vorbereitet ist.

Ein Beispiel: Ein Mann suchte mich auf und bat mich, das Wort dafür zu sprechen, dass eine bestimmte Schuld getilgt werde. Ich stellte aber fest, dass er viel Zeit darauf verwendete, sich zurechtzulegen, was er dem Gläubiger sagen würde, wenn er dessen Forderung nicht bezahlte, wodurch er meine Worte wirkungslos werden ließ. Stattdessen hätte er sich ausmalen sollen, wie er die Schuld beglich.

Die Bibel liefert uns in der Geschichte von den drei Königen in der Wüste, die kein Wasser für ihr Gefolge und ihre Pferde hatten, ein wunderbares Beispiel hierfür. Sie baten den Propheten Elisha um Rat, der ihnen diese erstaunliche Antwort gab:

„So spricht der Herr: Machet in diesem Tale Grube an Grube. Ihr werdet keinen Wind und keinen Regen sehen, und doch wird dieses Tal sich mit Wasser füllen."[14]

---

14 - 2. Könige 3.16.17

Der Mensch muss sich auf das vorbereiten, worum er gebeten hat, *selbst wenn nicht das kleinste Anzeichen davon zu sehen ist.*

Ein Beispiel: Eine Frau musste sich in einem Jahr, in dem in New York akuter Wohnungsmangel herrschte, eine Wohnung suchen. Eine zu finden, erschien ihr nahezu unmöglich. Ihre Freundinnen bemitleideten sie und meinten: „Wir schrecklich, du wirst deine Möbel einlagern und in einem Hotel wohnen müssen." Sie erwiderte: *„Ihr braucht euch deswegen keine Sorgen machen, ich bin eine Superfrau und werde eine Wohnung bekommen."*

Sie sprach folgende Worte: *„Unendlicher Geist, mach mir den Weg für die richtige Wohnung frei."* In der festen Überzeugung, dass es für jeden Bedarf Erfüllung gibt, arbeitete sie ohne zu zweifeln auf der geistigen Ebene in dem Bewusstsein, dass „ein Mensch im Einklang mit Gott eine Mehrheit bildet."[15]

Sie trug sich mit dem Gedanken, neue Bettdecken zu kaufen, als der „Versucher", ihr widerstrebender rationaler Verstand, ihr einflüsterte: „Kauf die Decken lieber nicht, denn womöglich bekommst du ja doch keine Wohnung und hast dann keine Verwendung für sie."

Sofort sagte sie sich: „Ich grabe meine Gruben, indem ich die Bettdecken kaufe!" So bereitete sie sich auf ihre neue Wohnung vor - sie handelte, als ob sie sie bereits hätte.

Auf wunderbare Weise fand sie tatsächlich eine Wohnung und bekam sie, *obwohl es über zweihundert Bewerber dafür gab.*

Der Kauf der Bettdecken hatte ihren festen Glauben bewiesen.

Eigentlich unnötig zu erwähnen ist, dass sich die Gruben, die die drei Könige in der Wüste ausheben ließen, bis zum Überlaufen mit

---

15 - Wendell Phillips

Wasser füllten.[16]

Mit den Schwingungen der geistigen Ebene in Einklang zu kommen, ist für den durchschnittlichen Menschen nicht einfach. Ständig drängen widrige Gedanken des Zweifels und der Furcht aus dem Unbewussten an die Oberfläche. Sie sind die „fremden Armeen", die in die Flucht geschlagen werden müssen. Dies ist der Grund dafür, dass es vor der Morgendämmerung so oft am dunkelsten ist.

Einer großen Manifestation gehen gewöhnlich quälende Gedanken voraus.

Spricht man eine hohe geistige Wahrheit aus, fordert man die alten Glaubenssätze im Unbewussten heraus und legt dadurch Irrtümer frei, die es auszumerzen gilt.

Dies ist der Zeitpunkt, zu dem man die Wahrheit immer wieder durch Affirmationen bekräftigen, sich über das, was man bereits erhalten hat, freuen und dafür bedanken muss. „Ehe sie rufen, will ich antworten."[17] Das bedeutet, dass „jede gute und perfekte Gabe" dem Menschen bereits gehört und darauf wartet, akzeptiert zu werden.

Der Mensch kann nur empfangen, was er sich selbst empfangen sieht.

Den Kindern Israels wurde gesagt, dass sie alles Land besitzen könnten, das sie sahen. Dies gilt für jeden Menschen. Ihm steht aber nur das Land zur Verfügung, in dessen Besitz er sich im Geiste sieht. Jedes große Werk und jede großartige Errungenschaft wurde dadurch verwirklicht, dass die Urheber eisern an ihrer Vision festhielten, und es geschieht häufig, dass Menschen kurz bevor sie ihr Ziel erreichen, mit scheinbarem Misserfolg und Enttäuschung kon-

16 - Nachzulesen in: 2. Könige 3.20
17 - Jesaja 65.4

frontiert werden.

Als die Kinder Israels das „gelobte Land" erreichten, fürchteten sie sich davor, es zu betreten, weil sie sagten, es wäre von Riesen bevölkert, zwischen denen sie sich selbst wie Grashüpfer vorkommen würden. „Wir sahen auch Riesen daselbst, und wir waren vor unsern Augen wie Heuschrecken."[18] Fast jeder Mensch macht diese Erfahrung.

Doch wer das geistige Gesetz kennt, bleibt von derlei Erscheinungen unbeeindruckt und freut sich bereits, während er „noch in Fesseln liegt". Das bedeutet, dass er an seiner Vision festhält und sich dafür bedankt, dass er sein Ziel schon erreicht und das Gewünschte bekommen hat.

Jesus Christus hat uns ein wunderbares Beispiel dafür gegeben. Er sagte zu seinen Jüngern: „Saget ihr nicht: Es sind noch vier Monate, so kommt die Ernte? Siehe, ich sage euch: Hebet eure Augen auf und sehet in das Feld; denn es ist schon reif zur Ernte."[19]

Sein hellsichtiger Blick durchdrang die „Welt der Materie" und er sah deutlich die Welt der vierten Dimension, sah die Dinge, wie sie wirklich sind, vollkommen und vollständig im Göttlichen Geist.

So muss auch der Mensch stets das Endziel seiner Reise als klare Vision vor Augen haben und die Verwirklichung dessen fordern, was er bereits erhalten hat. Dies können vollkommene Gesundheit, Liebe, die Erfüllung seiner Bedürfnisse, Selbstverwirklichung, ein Heim oder Freunde sein.

Dies alles sind vollendete und vollkommene Ideen, die im Göttlichen Geist (dem eigenen Überbewusstsein) gespeichert sind und die durch ihn kommen müssen, nicht zu ihm.

18 - 4. Mose 13.33
19 - Johannes 4.35

Ein Beispiel: Ein Mann suchte mich auf und bat um eine „Behandlung" für Erfolg. Es war unbedingt erforderlich, dass er innerhalb eine bestimmten Zeitspanne fünfzigtausend Dollar für ein Geschäft aufbrachte. Die Frist war nahezu abgelaufen, als er verzweifelt zu mir kam. Niemand wollte in sein Unternehmen investieren und die Bank hatte die Vergabe eines Kredits rundweg abgelehnt.

Ich sagte: „Ich schätze, Sie haben in der Bank Ihre Beherrschung und damit Ihre Energie verloren. Sie können die Kontrolle über jede Situation bewahren, solange Sie sich selbst beherrschen."

„Gehen Sie noch einmal zur Bank", setzte ich hinzu. „Und ich werde Sie geistig unterstützen." Zu seiner Unterstützung sagte ich im Stillen: „Sie sind in Liebe mit dem Geist eines jeden in der Bank verbunden. Lassen Sie zu, dass sich die göttliche Idee in dieser Angelegenheit verwirklicht."

„Gute Frau", erwiderte er, „was Sie da vorschlagen ist völlig unmöglich. Morgen ist Samstag; die Bank schließt um zwölf und mein Zug kommt nicht vor zehn Uhr an, die Frist läuft morgen ab und die Bank wird sowieso auf keinen Fall mitspielen. Es ist zu spät."

„Gott braucht keine Zeit und er kommt nie zu spät. Bei ihm ist alles möglich", sagte ich und setzte hinzu: „Ich verstehe nichts von Geschäften, aber ich weiß alles über Gott."

„Das hört sich alles schön gut an, solange ich hier sitze und Ihnen zuhöre", antwortete er. „Aber sobald ich Ihr Haus verlasse, ist es schrecklich."

Er lebte in einer anderen Stadt und eine Woche lang hörte ich nichts von ihm. Dann kam ein Brief. Darin schrieb er: „Sie hatten recht. Ich habe das Geld aufgetrieben und ich werde nie wieder an der Wahrheit all dessen, was Sie mir gesagt haben, zweifeln."

Einige Wochen später sah ich ihn wieder und fragte: „Was ist passiert? Offensichtlich hatten Sie doch noch genügend Zeit."

„Mein Zug hatte Verspätung", antwortete er, „und ich kam erst um Viertel vor zwölf an. Ich ging ganz gelassen in die Bank und sagte: ‚Ich komme wegen des Kredits', und sie haben ihn mir ohne Fragen zu stellen gewährt."

Es waren ihm nur noch fünfzehn Minuten geblieben und der Unendliche Geist war nicht zu spät gekommen. In diesem Fall hätte der Man unmöglich alleine Erfolg gehabt. Er brauchte jemanden, der ihm half, an seiner Vision festzuhalten. Dies zeigt, was ein Mensch für einen anderen tun kann.

Jesus Christus kannte diese Wahrheit. Er sagte: „Wo zwei unter euch eins werden, warum es ist, dass sie bitten wollen, das soll ihnen widerfahren von meinem Vater im Himmel."[20] Ein Einzelner steht seinen eigenen Angelegenheiten oft zu nahe und neigt dazu, zu zweifeln und zu zagen.

Ein Freund oder ein „Heiler" sieht den Erfolg, die Gesundheit oder den Wohlstand deutlich und wankt niemals, weil er den nötigen Abstand zu der Angelegenheit hat.

Es ist viel einfacher, etwas für einen anderen zu manifestieren, deshalb sollte man nicht zögern, um Hilfe zu bitten, wenn man merkt, dass man unsicher wird.

Ein scharfsinniger Beobachter des Lebens hat einmal gesagt: „Kein Mensch kann versagen, wenn auch nur ein anderer ihn als erfolgreich sieht." Die Macht der Vision ist immens, und viele große Männer verdanken ihren Erfolg ihrer Frau, einer Schwester oder einem Freund - jemandem, der „fest an ihn glaubte" und ohne zu zweifeln am geistigen Bild eines erfolgreichen Ausgangs festhielt.

20 - Matthäus 18.19

Die Macht des Wortes

„Aus deinen Worten wirst du gerechtfertigt werden,
und aus deinen Worten wirst du verdammt werden."[21]

Ein Mensch, der mit der Macht des Wortes vertraut ist, achtet sorgfältig auf alles, was er sagt. Er braucht nur die Wirkung seiner Worte zu beobachten, um zu wissen, dass sie „nicht folgenlos" bleiben. Durch das, was er sagt, schafft sich der Mensch laufend seine eigenen Gesetze.

Ich kannte einen Mann, der von sich sagte: „Ich verpasse ständig die Straßenbahn. Sie fährt jedes Mal gerade ab, wenn ich an der Haltestelle ankomme." Seine Tochter hingegen berichtete: „Ich erwische die Tram immer. Sie kommt immer genau dann, wenn ich an der Haltestelle eintreffe." Das lief so jahrelang.

Beide hatten sich selbst ein Gesetz geschaffen, der Vater eines, das zu Misserfolg, die Tochter eines, das zu Erfolg führte. Dies ist die Psychologie des Aberglaubens.

Weder Hufeisen noch Hasenpfoten verfügen über Macht, doch das gesprochene Wort des Menschen und sein Glaube daran, dass diese Dinge ihm Glück bringen, erzeugen im Unbewussten die entsprechende Erwartung und ziehen dadurch „glückliche Umstände" an. Ich habe jedoch festgestellt, dass dies nicht mehr funktioniert, sobald man sich spirituell weiterentwickelt und ein höheres Gesetz kennengelernt hat. Man kann dann nicht mehr zurückkehren und muss sich von derlei „Götzenbildern" trennen.

Ein Beispiel: Zwei Männer in einem meiner Kurse hatten monatelang großen geschäftlichen Erfolg, als plötzlich alles „den Bach hin-

21 - Matthäus 12.37

unterging". Wir versuchten, die Situation zu analysieren, und ich fand heraus, dass jeder von ihnen, statt ihren Erfolg und Wohlstand mit Affirmationen zu bekräftigen und auf Gott zu vertrauen, sich einen „Glücksaffen" gekauft hatte.

Ich sagte: „Mir scheint, Sie haben angefangen, sich lieber auf die Glücksaffen zu verlassen, als auf Gott. Trennen Sie sich von diesen Affen und wenden Sie das Gesetz der Vergebung an", denn der Mensch hat die Macht, sich selbst seine Fehler zu vergeben und sie dadurch unwirksam zu machen.

Die beiden beschlossen, die Glücksaffen auf den Müll zu werfen, und von da an lief alles wieder gut. Dies bedeutet nun nicht, dass man alle Glücksbringer, die man im Haus hat, wegwerfen müsste, doch man muss sich darüber im klaren sein, dass die Kraft, die in ihnen zu stecken scheint, einzig und allein von Gott kommt, und dass die Objekte dem Menschen lediglich das Gefühl der Erwartung vermitteln.

Ich war einmal mit einer Freundin unterwegs, die ziemlich niedergeschlagen war. Als wir die Straße überquerten, klaubte sie ein Hufeisen auf, das dort lag. Sofort war sie mit Freude und Hoffnung erfüllt. Sie sagte, Gott habe ihr das Hufeisen geschickt, um ihr wieder Mut zu machen.

Das Hufeisen war wohl tatsächlich das einzige, was ihr Unbewusstes in ihrer Situation beeindrucken konnte. Ihre Hoffnung wurde zum Glauben, und ihr gelang schließlich eine wundervolle Verwirklichung. Ich möchte betonen, dass die beiden oben erwähnten Männer alleine auf die Glücksaffen bauten, während diese Frau die Macht hinter dem Hufeisen erkannte.

Ich weiß noch, dass es bei mir selbst lange dauerte, den Glauben daran abzulegen, dass eine bestimmte Sache Enttäuschung verursachen würde. Jedes Mal wenn sie eintrat, endete sie ausnahmslos in

Frustration. Ich fand heraus, dass die einzige Möglichkeit, eine Änderung in meinem Unbewussten zu erreichen, darin bestand, mir selbst zu sagen: „Es gibt nicht zwei Mächte, sondern nur eine: Gott. Deshalb gibt es keine Enttäuschungen, und diese Sache bedeutet für mich eine erfreuliche Überraschung." Ich bemerkte sofort eine Veränderung und von da an erfuhr ich eine freudige Überraschung nach der anderen.

Ich habe eine Freundin, die erklärte, dass nichts und niemand sie dazu bringen könne, unter einer Leiter hindurchzugehen. Ich entgegnete ihr: „Wenn du dich fürchtest, nährst du die Vorstellung, dass es zwei Mächte statt einer gibt: Gut und Böse. Da Gott allumfassend ist, kann es keine Macht neben ihm geben, solange der Mensch sich das Böse nicht selbst schafft. Um deinen Glauben an die einzige Macht, Gott, und daran, dass das Böse weder existiert noch Macht hat, zu beweisen, solltest du unter der nächsten Leiter hindurchgehen, die dir begegnet."

Bald darauf ging sie zu ihrer Bank, um ihr Schließfach zu öffnen. Doch dort stand ihr eine Leiter im Weg. Es war ihr unmöglich, an das Schließfach zu gelangen, ohne unter der Leiter hindurchzugehen. Ihre Angst übermannte sie und sie machte kehrt. Sie brachte es nicht fertig, dem Löwen auf ihrem Weg entgegenzutreten.

Doch draußen auf der Straße angekommen, kamen ihr meine Worte wieder in den Sinn, und sie entschloss sich, in die Bank zurückzukehren und unter der Leiter hindurchzugehen. Es war ein großer Augenblick in ihrem Leben, weil Leitern sie jahrelang eingeschränkt hatten. Doch als sie zum Schließfach zurückkehrte, war die Leiter verschwunden! So etwas geschieht wirklich häufig! Wenn jemand willens und bereit ist, etwas zu tun, wovor er Angst hat, erledigt sich die Sache oft von selbst.

Dies liegt am Gesetz der Widerstandslosigkeit, das so wenig verstanden wird.

Jemand hat einmal gesagt, dass Mut Genius und Magie enthält. Treten Sie einer Sache furchtlos entgegen und sie löst sich in Luft auf.

Erklären lässt sich die Geschichte mit der Leiter so: Ihre Angst hat der Frau die Leiter in den Weg gestellt und ihre Furchtlosigkeit hat sie entfernt.

So arbeiten die unsichtbaren Kräfte für den Menschen, der stets „die Fäden in der Hand hält", auch wenn es ihm nicht bewusst ist. Aufgrund der Schwingungskraft der Worte, wird alles, was ein Mensch ausspricht, von ihm angezogen. Leute, die ständig über Krankheiten reden, ziehen diese unweigerlich an.

Hat ein Mensch diese Wahrheit erst einmal erkannt, kann er mit seinen Worten gar nicht vorsichtig genug sein.

Ein Beispiel: Ich habe eine Freundin, die oft am Telefon sagt: „Besuch mich doch mal wieder, dann können wir ein nettes Schwätzchen halten so wie früher." Bei dieser Art von Geplauder fallen im Verlauf einer Stunde etwa 500 bis 1000 negative Worte, weil dabei in der Regel vor allem über Verlust, Mangel, Misserfolg und Krankheit geredet wird.

Ich antworte darauf immer: „Nein, danke. Von solchen Schwätzchen hatte ich in meinen Leben schon viel zu viele, sie kommen einen teuer zu stehen. Aber ich komme gerne auf ein Schwätzchen der neuen Art und wir reden über das, was wir uns wünschen, anstatt über das Gegenteil."

Ein altes Sprichwort sagt, der Mensch solle nur zu drei Zwecken sprechen: um zu „heilen, zu segnen oder gedeihen zu lassen". Was ein Mensch über andere sagt, wird über ihn gesagt, und was er anderen wünscht, wünscht er sich selbst.

„Flüche kommen wie Hühner zum Schlafen nach Hause."[22]

Wenn jemand einem anderen Unglück wünscht, kann er sicher sein, selbst Unglück anzuziehen. Wenn er jemandem Erfolg wünscht, unterstützt er sich hingegen selbst auf dem Weg zu Erfolg.

Der Körper kann durch das gesprochene Wort und eine klare Vision erneuert und verwandelt, Krankheit kann vollständig aus dem Bewusstsein gelöscht werden. Der Metaphysiker weiß, dass jede Krankheit eine geistige Entsprechung hat, und dass man, um den Körper zu kurieren, erst die „Seele heilen" muss.

Die Seele ist das Unbewusste, und sie muss vor falschem Denken bewahrt werden.

In Psalm 23.3 lesen wir: „Er erquicket meine Seele." Das bedeutet, dass das Unbewusste oder die Seele mit den richtigen Ideen aufgefrischt werden muss, und dass die „mystische Hochzeit" die Vermählung von Seele und Geist oder des Unbewussten mit dem Überbewusstsein ist. Sie müssen eins werden. Wenn die vollkommenen Ideen des Überbewusstseins das Unbewusste durchfluten, werden Gott und Mensch eins.

„Ich und der Vater sind eins."[23] Das bedeutet, er ist eins mit dem Reich der vollkommenen Ideen; er ist der Mensch, der als Ebenbild Gottes erschaffen wurde, und er erhält die Macht über alle erschaffenen Dinge, seinen Geist, seinen Körper und sein Leben.

Man kann mit Fug und Recht sagen, dass alle Krankheit und alles Unglück aus der Verletzung des Gesetzes der Liebe herrührt. „Ein neues Gebot gebe ich euch, dass ihr euch untereinander liebet."[24] Und im Spiel des Lebens gewinnt immer, wer auf Liebe oder guten Willen setzt.

22 - Arabisches Sprichwort
23 - Johannes 10.30
24 - Johannes 13.34

Ein Beispiel: Ich kenne eine Frau, die jahrelang unter einer schlimmen Hautkrankheit litt. Die Ärzte hatten ihr erklärt, dass die Krankheit unheilbar sei, und sie war verzweifelt deswegen. Sie war Schauspielerin und fürchtete, ihren Beruf schon bald aufgeben zu müssen, hatte aber keine anderen Einnahmequellen.

Trotzdem gelang es ihr, eine gute Rolle zu bekommen und der Premierenabend war ein voller Erfolg. Sie erhielt begeisterte Kritiken und war vor Freude ganz aus dem Häuschen.

Doch schon am nächsten Tag erhielt sie ihre Entlassung. Ein Mann aus dem Ensemble hatte ihr den Erfolg geneidet und dafür gesorgt, dass man ihr kündigte. Als sie spürte, wie Hass und Verbitterung Besitz von ihr ergriffen, rief sie: „Oh mein Gott, lass mich diesen Mann nicht hassen." In jener Nacht arbeitete sie stundenlang „in der Stille".

Sie erzählte: „Ich erreichte rasch eine sehr tiefe Stille. Ich schien mich mit mir selbst, dem Mann und der ganzen Welt in Frieden zu befinden. In den beiden darauffolgenden Nächten wiederholte ich meine Meditation und am dritten Tag stellte ich fest, dass meine Hauterkrankung vollständig geheilt war!" Durch ihre Bitte um Liebe und guten Willen hatte sie das Gesetz erfüllt („So ist nun die Liebe des Gesetzes Erfüllung."[25]), und die Erkrankung (die aus unbewusstem Groll resultierte) war ausgelöscht.

Ständiges Kritisieren verursacht Rheumatismus, da kritische, unharmonische Gedanken unnatürliche Ablagerungen im Blut produzieren, die sich in den Gelenken festsetzen.

Geschwülste werden durch Neid, Hass, Unversöhnlichkeit, Furcht und ähnliche Gefühle verursacht. Jede Krankheit wird durch einen Geist bewirkt, der nicht mit sich im Reinen ist. Ich sagte ein-

25 - Römer 13.10

mal in einem meiner Kurse: „Es macht keinen Sinn, jemanden zu fragen: ‚Was ist los mit dir?'. Genauso gut könnten wir sagen: ‚Wer ist los mit dir?' Unversöhnlichkeit ist der häufigste Auslöser von Krankheiten. Sie verhärtet die Arterien und die Leber und beeinträchtigt das Sehvermögen. Sie zieht einen Rattenschwanz von Krankheiten hinter sich her.

Eines Tages besuchte ich eine Frau, die mir sagte, sie wäre krank, weil sie eine giftige Auster gegessen habe. „Oh, nein, die Auster war harmlos", entgegnete ich. „Sie haben die Auster giftig werden lassen. Was fehlt Ihnen?" „Etwa neunzehn Leute", antwortete sie. Sie hatte sich mit neunzehn Leuten verkracht und war dadurch so aus der Harmonie geraten, dass sie die schlechte Auster angezogen hatte.

Disharmonien im Äußeren weisen darauf hin, dass die geistige Harmonie aus den Fugen geraten ist. „Wie innen, so außen."[26]

Die einzigen Feinde des Menschen sind in ihm selbst. „Und des Menschen Feinde werden seine eigenen Hausgenossen sein."[27] Die eigene Persönlichkeit ist einer der letzten Feinde, die überwunden werden müssen, während unser Planet in die Liebe eingeweiht wird. Dies war Christus' Botschaft: „Frieden auf Erden und den Menschen ein Wohlgefallen."[28] Der erleuchtete Mensch bemüht sich deshalb, sich durch seine Nachbarn zu vervollkommnen. Er arbeitet an sich selbst, bestrebt, Wohlwollen und Segen an jeden Mitmenschen auszusenden, und das Phantastische daran ist, dass jemand, den man segnet, keine Macht hat, einem zu schaden.

Ein Beispiel: Ein Mann kam zu mir und bat mich um eine „Behandlung" für den Erfolg seines Geschäfts. Er verkaufte Maschinen und ein Konkurrent war mit einer - wie er behauptete - besseren

26 - Hermesianax
27 - Matthäus 10.36
28 - Lukas 2.14

Maschine auf dem Markt aufgetaucht. Mein Freund befürchtete deshalb einen starken Rückgang seines Geschäfts.

Ich erklärte ihm: „Zuerst einmal müssen wir alle Angst auslöschen und uns vergegenwärtigen, dass Gott Ihre Interessen schützt, und dass sich die göttliche Idee in der Angelegenheit durchsetzen wird. Das bedeutet, dass sich die richtige Maschine verkaufen wird - vom richtigen Mann an die richtigen Kunden." Und ich fügte hinzu: „Hegen Sie keine kritischen Gedanken gegen Ihren Konkurrenten. Segnen Sie ihn den ganzen Tag lang und seien Sie bereit, Ihre Maschine nicht länger zu verkaufen, falls sie nicht der göttlichen Idee entspricht."

Und so ging er furchtlos und frei von inneren Widerständen zu einem Meeting, auf dem beide Anbieter ihre Maschinen präsentierten, und segnete seinen Konkurrenten. Das Ergebnis der Präsentation war, wie er mir erzählte, erstaunlich. Die Maschine seines Konkurrenten verweigerte den Dienst, und er verkaufte seine ohne Probleme.

„Ich aber sage euch: Liebet eure Feinde; segnet, die euch fluchen; tut wohl denen, die euch hassen; bittet für die, so euch beleidigen und verfolgen."[29]

Wohlwollen breitet eine starke schützende Aura um den aus, der es ausstrahlt. „Einer jeglichen Waffe, die wider dich zubereitet wird, soll es nicht gelingen."[30] Mit anderen Worten: Liebe und Wohlwollen vernichten die Feinde in einem selbst, und man hat deshalb keine Feinde im Äußeren!

„Es herrscht Frieden auf Erden für den, der den Menschen wohlgesinnt ist!"

29 - Matthäus 5.44
30 - Jesaja 54.17

Das Gesetz der Widerstandslosigkeit

„Widerstrebt nicht dem Übel."[31]
„Lass dich nicht vom Bösen überwinden,
sondern überwinde das Böse mit Gutem."[32]

Nichts auf der Welt kann einem völlig widerstandslosen Menschen widerstehen.

Die Chinesen sagen, das Wasser sei das mächtigste Element, weil es vollkommen widerstandslos ist. Es kann einen Felsen abtragen und alles aus dem Weg räumen.

Jesus Christus sagte: „Widerstrebt nicht dem Übel"[33], denn er wusste, dass es in Wirklichkeit kein Übel gibt, und damit nichts, dem man sich widersetzen könnte. Das Übel entstammt der Einbildung der Menschen oder dem Glauben an zwei Mächte: das Gute und das Böse.

Einer alten Legende nach haben Adam und und Eva von „Maya, dem Baum der Illusion" gegessen und sahen deshalb zwei Mächte anstelle von einer: Gott.

Deshalb ist das Böse ein falsches Konzept, das sich der Mensch durch den Seelenschlaf selbst geschaffen hat. Seelenschlaf bedeutet, dass die Seele des Menschen vom Glauben der Menschheit (an Sünde, Krankheit, Tod, etc.), hypnotisiert ist, der diesseitigem, sterblichem Denken entspringt, und dass seine Lebensumstände seine Illusionen widerspiegeln.

Wir haben in einem der vorangegangenen Kapitel gelesen, dass

31 - Matthäus 5.39
32 - Römer 12.21
33 - Matthäus 5.39

die Seele des Menschen sein Unbewusstes ist, und dass, was immer der Mensch tief empfindet, - sei es gut oder böse - von diesem treuen Diener in die Außenwelt gespiegelt wird. Sein Körper und seine Lebensumstände zeigen, was der Mensch sich bildlich vorgestellt hat. Der Kranke hat sich Krankheiten ausgemalt, der Arme Armut und der Reiche Reichtum.

Leute fragen oft: „Wie kann es sein, dass ein kleines Kind eine Krankheit anzieht, wo es doch noch zu jung ist, um zu wissen, was das bedeutet?"

Ich antworte darauf, dass Kinder sehr feinfühlig und empfänglich für die Gedanken anderer um sie herum sind und oft die Ängste ihrer Eltern widerspiegeln.

Ich habe einmal einen Metaphysiker sagen gehört: „Wenn du dein Unbewusstes nicht selbst beherrscht, wird es ein anderer für dich tun."

Mütter ziehen häufig unbewusst Krankheiten und Unheil für ihre Kinder an, indem sie ständig Befürchtungen äußern und nach Symptomen Ausschau halten.

Ein Beispiel: Eine Freundin fragte eine Frau, ob ihre kleine Tochter die Masern gehabt hätte. Prompt antwortete die: „Noch nicht!" Damit zeigte sie, dass sie die Krankheit für ihr Kind erwartete, und bereitete damit den Weg für etwas, das sie weder für sich noch für ihr Kind wollte.

Ein Mensch jedoch, der im richtigen Denken verankert ist, ein Mensch, der seinen Mitmenschen nur Gutes will und ohne Furcht ist, kann *von den negativen Gedanken anderer nicht berührt oder gar beeinflusst werden*. Tatsächlich kann er nur gute Gedanken empfangen, weil er selbst nur gute Gedanken aussendet.

Widerstand ist die Hölle, weil er den Menschen in einen „Zustand der Qual" versetzt.

Ein Metaphysiker gab mir einmal ein wunderbares Rezept dafür an die Hand, mit allem im Leben fertig zu werden - die höchste Form der Widerstandslosigkeit. Er vermittelte es mir so: „Früher habe ich viele Kinder auf viele verschiedene Namen getauft. Heute taufe ich keine Kinder mehr, sondern Ereignisse. Dabei *gebe ich aber jedem Ereignis denselben Namen.* Wenn ich Misserfolg habe, taufe ich ihn Erfolg - im Namen des Vaters, des Sohnes und des Heiligen Geistes!"

Darin sehen wir das großartige Gesetz der Umwandlung wirken, das auf Widerstandslosigkeit gründet. Durch sein gesprochenes Wort wurde jeder Misserfolg in einen Erfolg verwandelt.

Ein Beispiel: Eine Frau, die Geld benötigte und die geistigen Gesetze des Wohlstands kannte, kam aus geschäftlichen Gründen immer wieder mit einem Mann in Berührung, der ihr das Gefühl vermittelte, sehr arm zu sein. Er redete ständig von Mangel und Beschränkung und sie fing an, seine Armutsgedanken zu übernehmen. Sie konnte ihn deshalb nicht gut leiden und gab ihm alle Schuld an ihren Misserfolgen. Ihr war aber auch bewusst, dass sie erst das Gefühl empfinden musste, empfangen zu haben, bevor sich Wohlstand verwirklichen konnte - *das Gefühl von Reichtum muss dessen Verwirklichung vorausgehen.*

Eines Tages dämmerte es ihr, dass sie der Situation Widerstand leistete und damit zwei Mächte anerkannte, anstatt eine. Deshalb segnete sie den Mann und nannte die Situation „Erfolg"! Sie sagte sich: „Weil es nur eine Macht gibt, Gott, ist dieser Mann gut für mich und dient meinem Wohlstand" (obwohl er den gegenteiligen Eindruck machte). Bald darauf lernte sie *über diesen Mann* eine Frau kennen, die ihr für eine Dienstleistung ein paar tausend Dollar bezahlte. Der Mann aber zog in eine andere Stadt um und verschwand auf harmonische Weise aus ihrem Leben.

Sagen Sie sich: „Jeder Mensch ist ein goldenes Glied in der Kette meines Wohles", denn Gott manifestiert sich in jedem Menschen und *wartet darauf, dass der Mensch selbst ihm Gelegenheit gibt, dem göttlichen Plan seines Lebens zu dienen.*

„Segne deinen Feind und du raubst ihm dadurch die Munition." Sein Pfeil verwandelt sich in Segen.

Dieses Gesetz gilt für Nationen wie für einzelne Menschen. Segne eine Nation, sende jedem ihrer Bürger Liebe und Wohlwollen, und du beraubst sie damit ihrer Macht zu schaden.

Dem Menschen erschließt sich das Konzept der Widerstandslosigkeit nur durch spirituelles Verständnis. Meine Schüler sagen oft: „Ich will aber kein Fußabstreifer sein." Darauf erwidere ich: „Wenn ihr Widerstandslosigkeit mit Weisheit einsetzt, ist niemand in der Lage, euch zu treten."

Ein anderes Beispiel: Eines Tages wartete ich ungeduldig auf einen wichtigen Telefonanruf. Ich wies jeden anderen Anruf ab und rief auch selbst niemandem an, da ich befürchtete, sonst den Anruf zu verpassen, auf den ich wartete.

Anstatt zu sagen: „Göttliche Ideen werden nie verhindert, der Anruf wird zu rechten Zeit kommen", und das Wann und Wie der Unendlichen Intelligenz zu überlassen, begann ich damit, die Sache in die eigene Hand zu nehmen - ich machte den Kampf zu meinem, anstatt ihn Gott zu überlassen, und blieb angespannt und besorgt.

Nachdem es etwa eine Stunde lang nicht einmal klingelte, warf ich einen Blick auf das Telefon und stellte fest, dass der Hörer die ganze Zeit über nicht richtig aufgelegt und der Anschluss mittlerweile gesperrt war. Meine Befürchtung, meine Besorgnis und der Glaube daran, dass etwas den Anruf verhindern könnte, hatten dafür gesorgt, dass das Telefon vom Netz getrennt worden war. Als mir klar wurde, was ich getan hatte, begann ich sofort, die Situation zu segnen; ich taufte sie „Erfolg" und sagte mir inständig: „Ich kann keinen Anruf, der mir nach göttlichem Recht zusteht, verpassen; ich lebe unter Gnade und nicht unter einem Gesetz."

Eine Freundin eilte los zum nächsten Telefon, um die Telefongesellschaft zu bitten, die Leitung wieder freizuschalten.

Sie ging in einen Lebensmittelladen. Obwohl das Geschäft voll war, ließ der Besitzer seine Kunden warten, um persönlich bei der Telefongesellschaft anzurufen. Mein Telefon wurde sofort wieder freigeschaltet. Zwei Minuten später erhielt ich einen sehr wichtigen Anruf und eine Stunde später kam der, den ich so dringend erwartet hatte.

Unsere Schiffe kommen über ruhige See in den Hafen.

Solange sich ein Mensch einer Situation widersetzt, wird sie bleiben. Läuft er vor ihr davon, wird sie ihm auf dem Fuß folgen.

Ein Beispiel: Ich erzählte dies einmal einer Frau und sie sagte: „Das ist so wahr! Ich war zuhause unglücklich, weil ich mit meiner Mutter nicht klar kam, die nörglerisch und tyrannisch war. Also lief ich davon und heiratete. Doch ich heiratete meine Mutter, denn mein Ehemann war genau wie meine Mutter, und ich steckte in derselben Situation wie zuvor."

„Sei willfährig deinem Widersacher bald."[34]

Dies bedeutet: Erkennen Sie an, dass eine widrige Situation gut ist und bleiben Sie davon unberührt, dann wird sie sich von selbst auflösen. „Nichts von alledem berührt mich", ist eine wunderbare Affirmation.

Unharmonische Situationen resultieren aus Disharmonien im Inneren.

Wenn man in einer unharmonischen Situation nicht mit entspre-

34 - Matthäus 5.25

chenden Emotionen reagiert, verschwindet diese für immer aus dem Leben.

Wir sehen also, dass der Mensch fortwährend an sich selbst arbeiten muss.

Immer wieder werde ich gebeten: „Bitte ‚behandeln' sie meinen Ehemann oder meinen Bruder, damit er sich ändert." Ich erwidere dann jedes Mal: „Nein, ich *behandle Sie, damit Sie sich ändern*; denn wenn Sie sich ändern, wird sich auch ihr Mann oder ihr Bruder ändern."

Eine meiner Schülerinnen hatte die üble Angewohnheit zu lügen. Ich erklärte ihr, dass dies zu nichts Gutem führen könne, und dass sie, wenn sie log, auch belogen werden würde. „Das ist mir egal", antwortete sie. „Aber ohne zu lügen, komme ich einfach nicht zurecht."

Eines Tages telefonierte sie mit einem Mann, den sie sehr liebte. Sie wandte sich zu mir und flüsterte: „Ich traue ihm nicht. Ich bin mir sicher, dass er mich belügt."

Ich antwortete: „Nun, du lügst selbst, also muss dich jemand belügen, und du kannst dir sicher sein, dass das genau die Person sein wird, von der du eigentlich die Wahrheit hören willst."

Als ich sie einige Zeit später wiedersah, sagte sie: „Ich bin vom Lügen kuriert."

„Was hat dich denn geheilt?", wollte ich wissen.

„Ich lebe mit einer Frau zusammen, die noch schlimmer lügt als ich", antwortete sie.

Man wird oft von Fehlern geheilt, wenn man sie bei anderen sieht.

Das Leben ist ein Spiegel, und wir sehen in den Menschen um uns herum nur unser eigenes Spiegelbild.

In der Vergangenheit zu leben, führt zu Misserfolgen, und man verletzt damit ein geistiges Gesetz.

Paulus sagte: „Sehet, jetzt ist die angenehme Zeit, jetzt ist der Tag des Heils!"[35]

Lots Frau blickte zurück und wurde zur Salzsäule.

Die Vergangenheit und die Zukunft sind Zeitdiebe. Der Mensch sollte die Vergangenheit segnen und vergessen, wenn sie ihn gefesselt hält; die Zukunft sollte er segnen in dem Bewusstsein, dass sie endlose Freuden für ihn bereithält; leben aber sollte er *voll und ganz im Jetzt*.

Ein Beispiel: Eine Frau kam zu mir und beklagte sich darüber, dass sie kein Geld hätte, um Weihnachtsgeschenke zu kaufen. „Letztes Jahr war alles anders", sagte sie. „Ich hatte jede Menge Geld und habe wunderschöne Dinge verschenkt. Doch dieses Jahr habe ich keinen Cent."

Ich erwiderte: „Sie werden kein Geld haben, solange sie sich selbst bemitleiden und in der Vergangenheit leben. Leben Sie voll und ganz im *Jetzt* und bereiten sie sich darauf vor, *Weihnachtsgeschenke zu verteilen*. Graben Sie Gräben, dann wird das Geld auch kommen."

„Ich weiß, was ich tue!", rief sie aufgeregt. „Ich kaufe Weihnachtspapier, Schleifen und Geschenkanhänger."

„Tun Sie das", antwortete ich, „und die *Geschenke werden kommen und sich wie von selbst an die Anhänger heften*."

Sie zeigte mit ihrer Vorgehensweise finanzielle Furchtlosigkeit und Glauben an Gott, während der rationale Verstand ihr sagte: „Halte jeden Cent, den du besitzt, fest, da du nicht sicher sein kannst, dass du mehr Geld bekommst."

So kaufte sie Anhänger, Geschenkpapier und Schleifen und einige

35 - 2. Korinther 6.2

Tage vor Weihnachten bekam sie ein paar hundert Dollar geschenkt. Durch den Kauf von Papier und Schleifen hatte sie ihrem Unbewussten eine Erwartung eingeprägt und den Weg für Geld freigemacht, das in ihr Leben trat. Es blieb ihr sogar noch genug Zeit, um alle Geschenke zu kaufen.

Der Mensch muss auf den Augenblick eingestellt leben.

„Achte deshalb gut auf den heutigen Tag! So heißt du den heraufziehenden Tag willkommen", heißt es in einem alten Hindu-Gebet.[36]

Der Mensch muss geistig wach sein, jederzeit Führung erwarten und jede Gelegenheit nutzen.

Eines Tages sagte ich im Stillen immer wieder zu mir selbst: „Unendlicher Geist, lass mich keine Chance übersehen", und schon am selben Abend wurde mir etwas sehr Wichtiges mitgeteilt. Es ist wesentlich, den Tag mit den richtigen Worten zu beginnen.

Sprechen Sie gleich beim Aufwachen eine Affirmation. Zum Beispiel diese: *„Dein Wille geschehe an diesem Tag! Heute ist der Tag der Vollendung; ich danke für diesen vollkommenen Tag. Ein Wunder wird dem anderen folgen, und sie werden niemals versiegen."*

Wenn Sie sich dies zur Gewohnheit machen, werden in Ihrem Leben schon bald kleine und große Wunder geschehen.

Eines Morgens nahm ich ein Buch zur Hand und las: „Blicke voller Staunen auf das, was vor dir liegt!" Dieser Satz schien meine Botschaft des Tages zu sein, deshalb wiederholte ich ihn im Stillen immer wieder: „Blicke voller Staunen auf das, was vor dir liegt!"

Gegen Mittag erhielt ich eine große Geldsumme, die ich mir für einen bestimmten Zweck gewünscht hatte.

Im letzten Kapitel dieses Buches führe ich einige Affirmationen an, die sich als sehr wirksam erwiesen haben. Allerdings sollte man

36 - The Salution of the Dawn

nur Affirmationen sprechen, von denen man völlig überzeugt ist. Deshalb werden Affirmationen häufig abgeändert und an die jeweiligen Bedürfnisse angepasst.

Eine Affirmation wie diese hat schon vielen Erfolg gebracht:

> „Mein Job ist wirklich wunderbar
> und passt zu meiner Welt.
> Ich gebe gern mein Bestes
> und verdiene gutes Geld!"

In dieser Aussage *steckt sehr viel Macht*, weil gute Arbeit immer angemessen entlohnt werden sollte, und weil sich ein Reim dem Unbewussten besonders leicht einprägt. Eine meiner Schülerin sang diese Affirmation oft laut und fand schon bald einen wunderbaren Job, der hervorragend zu ihr passte. Sie gab ihr Bestes und verdiente gutes Geld.

Ein anderer Schüler, der ein eigenes Geschäft hatte, änderte sie so ab, dass sie zu seiner Situation passte. Er wiederholte eines Morgens immer wieder:

> „Mein Geschäft läuft wirklich wunderbar,
> es passt zu meiner Welt.
> Ich gebe gern mein Bestes
> und verdiene gutes Geld!"

Schon am selben Nachmittag schloss er ein großes Geschäft ab, nachdem er vorher monatelang völlig unbeschäftigt war.

Jede Affirmation muss sorgfältig formuliert werden und den Wunsch vollständig abdecken.

Ein Beispiel: Ich kannte eine Frau, die sich in finanzieller Not befand, und sich lediglich Arbeit wünschte. Sie bekam reichlich Arbeit, wurde aber nie dafür bezahlt. Deshalb ergänzte sie ihre Affirmation um den Satz: „Ich gebe gern mein Bestes und verdiene gutes Geld!"

Es ist das göttliche Recht des Menschen, genug zu haben! Mehr als genug sogar!

„So werden deine Scheunen voll werden und deine Kelter mit Most übergehen."[37] Dies ist Gottes großartige Idee für uns Menschen und wenn der Mensch die Schranken des Mangels in seinem eigenen Bewusstsein niederreißt, bricht für ihn ein Goldenes Zeitalter an, und jeder seiner Herzenswünsche wird ihm, so er rechtschaffen ist, erfüllt!

37 - Sprüche 3.10

Die Gesetze des Karmas und der Vergebung

Der Mensch bekommt nur das, was er gibt. Das Spiel des Lebens ist ein Bumerangspiel. Die Gedanken, Worte und Taten eines Menschen kehren früher oder später zu ihm zurück - mit erstaunlicher Akkuratesse.

Dies ist das Gesetz des Karmas (das Sanskrit-Wort steht für „Wiederkehr"). „Denn was der Mensch sät, das wird er ernten."[38]

Ein Beispiel: Eine Freundin erzählte mir eine Geschichte über sich selbst, die das Gesetz illustriert. „Ich erlebe mein Karma an meiner Tante. Was immer ich zu ihr sage, sagt bald darauf jemand zu mir. Ich bin zu Hause oft sehr reizbar und eines Tages sagte ich zu meiner Tante, als sie mir während des Abendessens zu viel erzählte: ‚Hör bitte auf zu reden. Ich würde gerne in Ruhe essen.'

Am nächsten Tag ging ich mittags mit einer Frau essen, auf die ich einen guten Eindruck machen wollte. Ich sprach angeregt mit ihr, als sie zu mir sagte: ‚Hören Sie bitte auf zu reden. Ich würde gerne in Ruhe essen!'"

Meine Freundin hat ein hoch entwickeltes Bewusstsein, deshalb kehrt ihr Karma viel rascher zu ihr zurück, als das bei spirituell weniger entwickelten Menschen der Fall ist.

Je mehr jemand weiß, desto mehr ist er für sein Tun verantwortlich, und wenn ein Mensch das Spirituelle Gesetz kennt, aber nicht anwendet, wird er darunter sehr zu leiden haben. „Der Weisheit Anfang ist des Herrn Furcht."[39] Wenn wir das Wort „Herr" als „Gesetz" lesen, werden viele Stellen in der Bibel erheblich klarer.

„Die Rache ist mein; ich will vergelten, spricht der Herr (das

38 - Galater 6.7
39 - Sprüche 9.10

Gesetz).“[40] Es ist das Gesetz, das Rache nimmt, nicht Gott. Gott sieht den Menschen als vollkommen, „ihm zum Bilde" und „ausgestattet mit Stärke und Macht."

Dies ist die vollkommene Idee vom Menschen, die im Göttlichen Geist verewigt ist und nur darauf wartet, vom Menschen erkannt und anerkannt zu werden. Denn der Mensch kann nur das sein, als was er sich selbst sieht, und nur erlangen, was er sich selbst erlangen sieht.

„Nichts geschieht je ohne einen Zuschauer", sagt ein altes Sprichwort. Der Mensch sieht seinen Erfolg oder Misserfolg, seine Freude oder seine Sorge im Geiste, bevor die Szenen aus seiner Vorstellung in der Außenwelt sichtbar werden. Wir haben dies bei der Mutter beobachtet, sie sich eine Krankheit für ihr Kind ausmalte, und bei der Frau, die sich den Erfolg ihres Ehemannes bildlich vorstellte.

Jesus Christus sagte: „Und ihr werdet die Wahrheit erkennen, und die Wahrheit wird euch frei machen."[41]

Wir sehen also, dass Freiheit (von allen unglücklichen Konditionen) aus dem Wissen resultiert - dem Wissen um das Spirituelle Gesetz.

Gehorsam geht der Macht voraus, und das Gesetz fügt sich dem Menschen, wenn er das Gesetz respektiert. Das Gesetz der Elektrizität muss befolgt werden, ehe die Elektrizität dem Menschen dienstbar wird. Unkundig genutzt wird sie zum tödlichen Feind des Menschen. *So ist es auch mit den geistigen Gesetzen!*

Ein Beispiel: Eine Frau mit einem starken persönlichen Willen wünschte sich, ein Haus zu besitzen, das einem Bekannten gehörte, und sie stellte sich oft bildlich vor, wie sie selbst in dem Haus

---

40 - Römer 12.19
41 - Johannes 8.32

wohnte. Nach einiger Zeit starb der Mann und sie zog in das Haus ein. Einige Jahre später, als sie die Spirituellen Gesetze kennengelernt hatte, fragte sie mich: „Glauben Sie, dass ich irgendetwas mit dem Tod dieses Mannes zu tun habe?"

„Ja", antwortete ich, „Ihr Wille war so stark, dass ihm alles Platz machte, aber Sie haben Ihre karmische Schuld bereits beglichen. Ihr Ehemann, den Sie so geliebt haben, ist bald danach gestorben, und das Haus war für Sie lange Zeit eine schwere finanzielle Belastung."

Weder der Vorbesitzer noch ihr Mann wären jedoch von ihren Gedanken beeinflusst worden, hätten sie auf die Wahrheit gebaut, doch sie unterstanden beide dem Gesetz des Karmas. Die Frau hätte (als sie das Haus unbedingt haben wollte) sagen sollen: „Unendliche Intelligenz, gib mir das richtige Haus, ebenso so bezaubernd wie dieses, *das nach göttlichem Recht meines ist.*"

Die göttliche Wahl hätte alles perfekt geregelt und allen Gutes gebracht. Sich nach dem göttlichen Plan zu richten, ist der einzige Weg, sicher zum Ziel zu kommen.

Ein starker Wunsch stellt eine gewaltige Macht dar, die in die richtigen Kanäle geleitet werden muss, damit sie kein Chaos verursacht.

Will man etwas verwirklichen, besteht der erste und wichtigste Schritt darin, „richtig zu bitten".

Der Mensch sollte immer nur etwas fordern, das ihm nach göttlichem Gesetz zusteht.

Um zu unserem Beispiel zurückzukehren: Hätte die Frau die Haltung eingenommen: „Wenn dieses Haus, das ich mir wünsche, meines ist, kann ich es nicht verlieren, wenn es das aber nicht ist, gib mir ein gleichwertiges", hätte der Mann sich vielleicht dazu entschieden, harmonisch auszuziehen (wenn das Haus die göttliche Wahl für sie gewesen wäre), oder die Frau hätte ein passendes

Ersatzhaus gefunden. Alles, was durch den persönlichen Willen erzwungen manifestiert wird, ist immer „unrechtmäßig" erworben und ein „Misserfolg".

Der Mensch wird ermahnt: „Mein Wille geschehe und nicht deiner", und das Seltsame dabei ist, dass der Mensch immer bekommt, was er sich wünscht, wenn er darauf verzichtet, seinen persönlichen Willen durchzusetzen, und auf diese Weise der Unendlichen Intelligenz die Möglichkeit gibt, durch ihn zu wirken.

„Stehet fest und sehet zu, was für ein Heil der Herr (das Gesetz) heute an euch tun wird."[42]

Ein Beispiel: Eine Frau kam verzweifelt zu mir. Ihre Tochter hatte beschlossen, eine sehr gefährliche Reise zu unternehmen, und die Mutter war deswegen voller Angst. Sie sagte, sie habe es mit jedem erdenklichen Argument versucht, habe die Tochter auf die damit verbundenen Gefahren hingewiesen und ihr schließlich sogar verboten, die Reise anzutreten, doch die Tochter sei dadurch nur halsstarriger und entschlossener geworden.

Ich erklärte der Mutter: „Sie versuchen, Ihrer Tochter Ihren Willen aufzuzwingen, wozu Sie kein Recht haben, und mit Ihrer Angst vor dieser Reise ziehen Sie die Gefahren förmlich an, denn der Mensch zieht das an, wovor er sich fürchtet." Und ich fügte hinzu: „Lassen Sie los und ziehen Sie Ihre geistigen Hände zurück; *legen Sie die Angelegenheit in Gottes Hand und affirmieren Sie:* ‚Ich lege die Sache in die Hände der Unendlichen Liebe und Weisheit; wenn die Reise dem göttlichen Plan entspricht, segne ich sie und werde mich ihr nicht länger widersetzen; wenn sie aber nicht dem göttlichen Plan entspricht, sage ich Dank dafür, dass das Vorhaben jetzt vom Tisch ist und sich erledigt hat.'"

42 - 2. Mose 14.13

Einen oder zwei Tage später sagte ihre Tochter zu ihr: „Mutter, ich habe meine Reisepläne aufgegeben", und die Angelegenheit kehrte damit in ihre „natürliche Bedeutungslosigkeit" zurück.

Zu lernen, „fest zu stehen", scheint dem Menschen sehr schwer zu fallen. Ich habe dieses Gesetz im Kapitel über die Widerstandslosigkeit bereits ausführlich behandelt.

Ich gebe Ihnen ein weiteres Beispiel für das Säen und Ernten, das auf höchst sonderbare Weise zustande kam.

Eine Frau suchte mich auf und erzählte mir, dass man ihr in der Bank einen falschen Zwanzig-Dollar-Schein ausgezahlt habe. Sie war ziemlich beunruhigt deswegen, denn sie meinte: „Die Leute in der Bank werden ihren Fehler bestimmt nicht zugeben."

Ich antwortete: „Lassen Sie uns die Situation analysieren und herausfinden, wieso Sie diese Situation angezogen haben."

Sie dachte ein paar Augenblicke lang nach und rief dann: „Ich weiß, wieso! Ich habe einer Freundin ein Bündel Spielgeld geschickt, nur so zum Spaß." Und so hatte ihr das Gesetz unechtes Geld geschickt, weil es keinen Spaß versteht.

„Dann rufen wir jetzt das Gesetz der Vergebung an und neutralisieren die Angelegenheit", schlug ich vor.

Das Christentum ist auf dem Gesetz der Vergebung gegründet - Christus hat uns vom Fluch des karmischen Gesetzes erlöst und der Christus in jedem Menschen ist sein Erlöser und seine Rettung aus jeder unharmonischen Situation.

Deshalb sagte ich: „Unendlicher Geist, wir berufen uns auf das Gesetz der Vergebung und sagen Dank dafür, dass die Frau unter der Gnade steht und nicht unter dem Gesetz, und dass sie die zwanzig Dollar nicht verlieren kann, weil sie ihr nach göttlichem Recht gehören."

„Und nun", schloss ich, „gehen Sie zurück zu der Bank und sagen den Leuten dort ganz ohne Furcht, dass sie Ihnen irrtümlich einen falschen Geldschein gegeben haben."

Sie befolgte meinen Rat und zu ihrer Überraschung entschuldigten sich die Leute in der Bank bei ihr, tauschten die falsche gegen eine echte Banknote aus und behandelten sie ausgesucht höflich.

So gibt das Wissen um die Gesetze dem Menschen die Macht, „seine Fehler auszulöschen". Doch er kann die Außenwelt nicht dazu zwingen, das zu sein, was er selbst nicht ist.

Wenn er sich Reichtum wünscht, muss er zuerst im Bewusstsein reich sein.

Ein Beispiel: Eine Frau kam zu mir und bat mich um eine „Behandlung" für Wohlstand. Sie hatte wenig Interesse an der Führung ihres Haushaltes und in ihrem Heim herrschte große Unordnung.

Ich erklärte ihr: „Wenn Sie reich werden wollen, müssen Sie Ordnung halten. Alle Menschen mit großem Reichtum sind ordentlich - und Ordnung ist des Himmels erstes Gesetz." Und ich fügte hinzu: „Sie werden nie reich werden, solange ein abgebranntes Streichholz in Ihrem Nadelkissen steckt."

Sie hatte Sinn für Humor und begann sofort damit, ihr Haus in Ordnung zu bringen. Sie stellte die Möbel um, mistete Schubladen aus, reinigte die Teppiche und erlebte schon bald darauf eine große finanzielle Manifestation - ein Geschenk von einem Verwandten. Die Frau änderte sich auch selbst und bekam ihre Finanzen in den Griff, indem sie stets auf *das Äußere achtete und Wohlstand erwartete in dem Wissen, dass Gott die Quelle ihrer Versorgung ist.*

Vielen Menschen ist die Tatsache unbekannt, dass Geschenke und Dinge Investitionen sind, und dass Horten und Geizen unweigerlich zu Verlusten führt.

„Einer teilt aus und hat immer mehr; ein anderer kargt, da er nicht soll, und wird doch ärmer."[43]

Ein Beispiel: Ich kannte einen Mann, der sich einen pelzgefütterten Mantel kaufen wollte. Er ging mit seiner Frau in verschiedene Läden, fand aber keinen Mantel, der ihm gefiel. Er sagte, sie sähen alle billig aus. Zu guter Letzt wurde ihm einer gezeigt, der, wie ihm der Verkäufer erklärte, eigentlich tausend Dollar kostete, den man ihm aber für fünfhundert verkaufen würde, weil es auf das Ende des Winters zuging.

Er besaß etwa siebenhundert Dollar. Der Verstand hätte ihm gesagt: „Du kannst es dir nicht leisten, fast dein ganzes Geld für einen Mantel auszugeben", doch er war sehr intuitiv und überlegte nie lange.

Er wandte sich an seine Frau und sagte: „Wenn ich diesen Mantel bekomme, werde ich eine Menge Geld verdienen!" Da stimmte seine Frau, wenn auch zögerlich, zu.

Etwa einen Monat später erhielt er eine Provision von zehntausend Dollar. Der neue Mantel hatte ihm das Gefühl vermittelt, reich zu sein, und ihn dadurch mit Erfolg und Reichtum verbunden. Ohne den Mantel hätte er die Provision nicht verdient. Der Mantel hatte sich als Investition erwiesen, die reiche Dividenden abwarf!

Wenn der Mensch diese innere Stimme ignoriert, die ihn zum Ausgeben oder Schenken anregt, wird er den entsprechenden Betrag auf andere, uninteressante oder unerfreuliche Art und Weise loswerden.

Ein Beispiel: Eine Frau erzählte mir, sie hätte ihrer Familie am Thanksgiving-Tag mitgeteilt, dass sie sich dieses Mal kein Festmahl leisten könnten. Sie hatte das Geld dafür zwar gehabt, sich aber dafür entschieden, es lieber zu sparen.

---

43 - Sprüche 11.24

Einige Tage später schlich sich jemand in ihr Zimmer und entwendete einen Betrag, der dem entsprach, den ein Festmahl gekostet hätte.

Ein Mensch, der Geld ohne Furcht und mit Weisheit ausgibt, hat das Gesetz immer hinter sich.

Ein Beispiel: Eine meiner Schülerinnen machte mit ihrem kleinen Neffen Einkäufe. Der Junge wollte unbedingt ein bestimmtes Spielzeug haben, doch sie erklärte ihm, sie könne sich den Kauf leider nicht leisten.

Plötzlich dämmerte es ihr, dass sie den Mangel suchte, statt Gott als Quelle ihrer Versorgung anzuerkennen!

Da kaufte sie das Spielzeug, und auf dem Heimweg *fand sie auf der Straße Geld - genau den Betrag, den sie für das Spielzeug ausgegeben hatte.*

Die Versorgung des Menschen ist unerschöpflich und zuverlässig, solange man auf sie vertraut; allerdings müssen Glaube und Vertrauen der Manifestation vorausgehen. „Euch geschehe nach eurem Glauben."[44] „Es ist aber der Glaube eine gewisse Zuversicht dessen, das man hofft, und ein Nichtzweifeln an dem, das man nicht sieht."[45] Denn der Glaube hält die Vision aufrecht, entgegenstehende Bilder werden aufgelöst und verbannt und „zu seiner Zeit werden wir auch ernten ohne Aufhören."[46]

Jesus Christus hat uns die gute Botschaft (das Evangelium) gebracht, dass es ein höheres Gesetz als das Gesetz des Karmas gibt - und dass dieses Gesetz das karmische an Macht bei weitem übertrifft. Es ist das Gesetz der Gnade oder Vergebung. Dies ist das Gesetz, das den Menschen vom Gesetz von Ursache und Wirkung -

44 - Matthäus 9.29
45 - Hebräer 11.1
46 - Galater 6.9

dem Gesetz der Konsequenzen - befreit. „Sintemal ihr nicht unter dem Gesetz seid, sondern unter der Gnade."[47]

Es wird uns gesagt, dass der Mensch auf Erden erntet, wo er nicht gesät hat; die Gaben Gottes werden einfach über ihn ausgeschüttet. „Alles, was das Reich zu bieten hat, ist sein." Dieser andauernde Zustand des Glücks erwartet den Menschen, der die Denkweise der Menschheit (oder der Welt) überwunden hat.

Das irdische Denken wird von Kummer und Sorgen beherrscht, doch Jesus Christus sagte: „Aber seid getrost, ich habe die Welt überwunden."[48]

Irdische Gedanken beschäftigen sich mit Sünde, Krankheit und Tod. Christus jedoch erkannte die Unwirklichkeit dieses Denkens und sagte, dass Krankheit und Leid vergehen werden, und dass selbst der letzte Feind, der Tod, überwunden wird.

Wir wissen heute, von einem wissenschaftlichen Standpunkt aus betrachtet, dass der Tod überwunden werden kann, indem wir unserem Unbewussten den überzeugten Glauben an ewige Jugend und ewiges Lebens einprägen.

Das Unbewusste führt, als mächtiges Energiefeld ohne eigene Zielrichtung, *Anweisungen aus, ohne Fragen zu stellen.*

Unter der Leitung des Überbewusstseins (des dem Menschen innewohnenden Christus oder Gottes) wäre es möglich, die „Auferstehung des Leibes" zu vollbringen.

Der Mensch würde dann nicht länger den Körper im Tod ablegen; stattdessen würde dieser in den „Energiekörper" transformiert werden, den Walt Whitman[49] besang, denn das Christentum gründet auf der Vergebung der Sünden und „einem leeren Grab."

47 - Römer 6.14

48 - Johannes 16.33

49 - Walt Whitman: I sing the body electric

Die Last abwerfen

Die Prägung des Unbewussten

Wenn der Mensch die eigene Macht erkennt und versteht, wie er denkt, dann ist sein Wunsch groß, einen einfachen und schnellen Weg zu finden, seinem Unbewussten positive Einstellungen einzuprägen, denn intellektuelle Kenntnis der Wahrheit allein führt zu keinen Ergebnissen.

In meinem Fall fand ich heraus, dass der einfachste Weg dazu war, „die Last abzuwerfen".

Ein Metaphysiker erklärte es einmal so: „Das einzige, das in der Natur etwas Gewicht verleiht, ist das Gesetz der Schwerkraft, und wenn ein Felsbrocken hoch genug über den Planeten gehoben werden könnte, hätte er kein Gewicht." Und das ist es, was Jesus Christus meinte, als er sagte: „Mein Joch ist sanft, und meine Last ist leicht."[50]

Er hatte die irdischen Schwingungen überwunden und agierte im Reich der vierten Dimension, wo es nur Vollkommenheit, Vollständigkeit, Leben und Freude gibt.

Er sagte: „Kommet her zu mir alle, die ihr mühselig und beladen seid; ich will euch erquicken."[51] „Nehmet auf euch mein Joch und lernet von mir"[52]; „denn mein Joch ist sanft, und meine Last ist leicht."[53]

In Psalm 55 wird uns auch gesagt: „Wirf dein Anliegen auf den

50 - Matthäus 11.30
51 - Matthäus 11.28
52 - Matthäus 11.29
53 - Matthäus 11.30

Herrn."[54] Viele Stellen in der Bibel weisen daraufhin, dass der *Kampf* Gottes Sache und nicht die des Menschen sei, und empfehlen dem Menschen: „Stehet fest und sehet zu, was für ein Heil der Herr heute an euch tun wird."[55]

Dies bedeutet, dass es dem Überbewusstsein (oder dem uns innewohnenden Christus) obliegt, die „Kämpfe" des Menschen auszutragen und ihm Bürden abzunehmen.

Wir sehen also, dass der Mensch das Gesetz verletzt, wenn er Bürden mit sich herumträgt, womit hier negative Gedanken und Einstellungen gemeint sind, die in seinem Unbewussten wurzeln.

Es scheint nahezu unmöglich zu sein, Fortschritte darin zu machen, das Unbewusste über das Bewusstsein oder den Verstand zu steuern, weil der Verstand (Intellekt) in seinen Begriffen und Vorstellungen zu begrenzt und von Zweifeln und Ängsten erfüllt ist.

Da ist es doch nur vernünftig, eine Bürde an das Überbewusstsein (oder den innewohnenden Christus) abzugeben, wo sie „leicht" gemacht wird oder sich in ihre „ursprüngliche Bedeutungslosigkeit auflöst".

Ein Beispiel: Eine Frau, die dringend Geld benötigte, machte ihr Anliegen zu einer „leichten Sache", indem sie es mit den Worten: „Ich werfe den Mangel in meinem Leben auf Christus (in mir) und bin damit frei, im Überfluss zu empfangen!", dem ihr innewohnenden Christus, ihrem Überbewusstsein, übergab.

Ihr Glaube daran, Mangel zu leiden, war ihre Bürde, und als sie diese an ihr Überbewusstsein abgab, in dem die Vorstellung von Überfluss herrscht, löste sie damit eine kleine finanzielle Lawine aus.

54 - Psalmen 55.23
55 - 2. Moses 14.13

Wir lesen: „Christus in euch, der da ist die Hoffnung der Herrlichkeit."[56]

Ein weiteres Beispiel: Eine meiner Studentinnen bekam ein neues Klavier geschenkt, hatte in ihrem Studio jedoch keinen Platz dafür, bevor sie nicht das alte entfernte. Sie war ratlos. Sie hätte das alte Klavier gerne behalten, hatte aber keine Idee, wohin damit. Als der Liefertermin immer näher rückte, begann sie zu verzweifeln. Schließlich war das neue Klavier auf dem Weg zu ihr, und sie hatte noch immer keinen Platz, es aufzustellen. Sie erzählte mir, dass ihr plötzlich in den Sinn gekommen war, sich wieder und wieder zu sagen: „Ich übergebe das Problem Christus in mir und bin frei davon."

Kurz darauf klingelte ihr Telefon und eine Freundin fragte, ob sie das alte Klavier mieten könne. Rasch wurde das alte Klavier fortgebracht, nur Minuten, bevor das neue eintraf.

Ich kannte eine Frau, deren „Last" Groll und Verbitterung war. Sie sagte: „Ich werfe meinen Groll auf den Christus in mir und bin frei, um zu lieben, in Harmonie zu leben und glücklich zu sein." Das allmächtige Überbewusstsein überflutete ihr Unbewusstes mit Liebe und ihr ganzes Leben veränderte sich. Jahrelang hatte ihr Groll sie in einer qualvollen Gemütsverfassung und ihre Seele (ihr Unbewusstes) gefangen gehalten.

Diese Affirmation sollte ständig wiederholt werden, wenn nötig stundenlang, still oder laut, in Ruhe und mit Entschlossenheit.

Ich habe das oft mit dem Aufziehen eines Grammophons verglichen. Wir müssen uns selbst mit dem gesprochenen Wort „aufziehen".

Ich habe festgestellt, dass man schon bald, nachdem man sein

56 - Kolosser 1.27

„Anliegen abgeworfen hat", klar zu sehen scheint. Es ist unmöglich, eine klare Sicht zu haben, solange man in der qualvollen Enge des irdischen Geistes gefangen ist. Zweifel und Angst vergiften den Geist und den Körper; die Phantasie läuft Amok und man zieht Unglück und Krankheit an.

Indem man ständig die Affirmation „Ich werfe mein Anliegen auf den Christus in mir und bin frei" wiederholt, klärt sich die Sicht, verbunden mit einem tiefen Gefühl der Erleichterung, und früher oder später *verwirklicht sich Gutes, sei es Gesundheit, Glück oder materielle Dinge.*

Eine meiner Studentinnen bat mich einmal zu erklären, wieso es „vor der Morgendämmerung am dunkelsten ist." In einem vorangegangenen Kapitel habe ich darauf hingewiesen, dass vor einer großen Manifestation häufig „alles schiefzugehen scheint" und tiefe Depression das Bewusstsein verdunkelt. Das liegt daran, dass aus dem Unbewussten Zweifel und Ängste aus vergangenen Zeiten aufsteigen. Diese schädlichen alten Relikte drängen aus dem Unbewussten an die Oberfläche, um entfernt zu werden.

Dies ist der Zeitpunkt, zu dem der Mensch wie Joschafat die Cymbeln schlagen und dafür danken sollte, dass er gerettet ist, selbst wenn er vom Feind (Mangel oder Krankheit) noch umzingelt zu sein scheint. „Wie lange muss man im Dunkel ausharren?", wollte die Studentin weiter wissen und ich antwortete: *„Bis man in der Dunkelheit sehen kann. Denn durch das Abwerfen des Anliegens wird man dazu befähigt, im Dunkeln zu sehen."*

Um das Unbewusste zu beeindrucken, ist tätiger Glaube unerlässlich.

„Also ist auch der Glaube ohne Werke tot."[57] In den vorangegan-

---

57 - Jakobus 2.26

genen Kapiteln habe ich mich bemüht, dies deutlich zu machen.

Jesus Christus zeigte tätigen Glauben: „Er hieß das Volk sich lagern auf die Erde"[58], bevor er für das Brot und die Fische Dank sagte.

Ich will noch ein weiteres Beispiel anführen, das zeigt, wie wichtig dieser Schritt ist. Tatsächlich bildet tätiger Glaube die Brücke, über die der Mensch in das Gelobte Land hinüberschreitet.

Aufgrund eines Missverständnisses hatte sich ein Mann von seiner Frau getrennt, die ihn sehr liebte. Er ging auf keines ihrer Angebote zu einer Versöhnung ein und lehnte jeden Kontakt zu ihr ab.

Als sie die Geistigen Gesetze kennenlernte, weigerte sie sich, die Trennung als Tatsache zu akzeptieren. Stattdessen affirmierte sie den Satz: „Im göttlichen Geist gibt es keine Trennung, also kann ich von der Liebe und der Partnerschaft, die mir nach göttlichem Recht zustehen, nicht getrennt sein."

Sie zeigte tätigen Glauben, indem sie täglich einen Platz für ihren Mann am Tisch deckte, wodurch sie ihrem Unbewussten das Bild von seiner *Rückkehr* einprägte. Mehr als ein Jahr verging auf diese Weise; doch sie ließ sich nicht beirren, bis ihr Mann *eines Tages tatsächlich wieder nach Hause kam.*

Das Unbewusste wird oft von Musik beeindruckt. Musik verfügt über Eigenschaften der vierten Dimension und befreit die Seele aus ihrer Gefangenschaft. Sie lässt wundervolle Dinge *als möglich und einfach zu vollbringen* erscheinen!

Ich habe eine Freundin, die ihr Grammophon täglich zu diesem Zweck benützt. Es versetzt sie in vollkommene Harmonie und verleiht ihrer Vorstellungskraft Flügel.

Eine andere Frau tanzt häufig, während sie ihre Affirmationen

---

58 - Matthäus 15.35

spricht. Der Rhythmus und die Harmonie von Musik und Bewegung tragen ihre Worte mit enormer Macht weiter.

Der Schüler sollte immer daran denken, den „Tag der kleinen Dinge" nicht gering zu schätzen.

Ohne Ausnahme tauchen vor jeder Manifestation „Anzeichen von Land" auf.

Bevor Kolumbus Amerika erreichte, sah er Vögel und Zweige im Wasser, die ihm zeigten, dass Land nahe war. Mit Manifestationen verhält es sich genauso; aber Schüler halten die Vorzeichen häufig für die eigentliche Manifestation und sind enttäuscht.

Ein Beispiel: Eine Frau „sprach das Wort" für ein neues Essservice. Kurz darauf schenkte ihr eine Freundin einen Teller, der alt und angeschlagen war.

Sie kam zu mir und sagte: „Nun, ich habe mir ein neues Service gewünscht und alles, was ich bekommen habe, ist ein alter Teller mit Sprüngen."

„Dieser Teller war nur ein Zeichen von Land", antwortete ich. „Er zeigt, dass das Service kommen wird - betrachten Sie ihn als Vögel und Seetang". Nicht lange danach bekam sie ihr Geschirr.

Wenn man das Ergebnis in der Vorstellung immer wieder vorwegnimmt, beeindruckt man damit das Unbewusste. Sieht sich jemand in seiner Vorstellung als wohlhabend und erfolgreich, „wird er zu seiner Zeit auch ernten".[59]

Kinder tun im Spiel gerne „so als ob" und es steht geschrieben: „Es sei denn, dass ihr umkehret und werdet wie die Kinder, so werdet ihr nicht ins Himmelreich kommen."[60]

Ein Beispiel: Ich weiß von einer Frau, die zwar sehr arm war, sich

59 - Galater 6.9
60 - Matthäus 18.3

aber durch nichts dazu bringen ließ, *sich arm zu fühlen*. Sie verdiente ein wenig Geld bei reichen Freunden, die sie ständig an ihre Armut erinnerten und ihr rieten, auf ihre Finanzen zu achten und sparsam zu sein. Ungeachtet dieser Ermahnungen gab sie gerne alles, was sie verdiente, für einen Hut aus, oder um jemanden ein Geschenk zu machen, und war stets voller Freude. Ihre Gedanken drehten sich ständig um hübsche Kleider, Schmuck und andere schöne Dinge, ohne dabei aber andere zu beneiden.

Sie lebte in einer wundersamen Welt und nur Reichtum erschien ihr real. Es dauerte nicht lange, bis sie einen reichen Mann heiratete und all die schönen Dinge sichtbar wurden. Ich weiß nicht, ob der Mann die „göttliche Wahl" war, aber Wohlstand musste sich in ihrem Leben manifestieren, nachdem sie sich immer nur Wohlstand vorgestellt hatte.

Es gibt für einen Menschen weder Frieden noch Glück, solange er nicht alle Furcht aus seinem Unbewussten gelöscht hat. Furcht ist fehlgeleitete Energie und muss in die richtige Bahn gelenkt oder in Glauben verwandelt werden.

Jesus Christus sagte: „Wie seid ihr so furchtsam? Wie, dass ihr keinen Glauben habt?"[61] und „Alle Dinge sind möglich dem, der da glaubt."[62]

Ich werde sehr oft von meinen Schülern gefragt: *„Wie kann ich meine Ängste loswerden?"*

Worauf ich jedes Mal antworte: *„Indem du dem entgegentrittst, vor dem du dich fürchtest."*

„Der Löwe nährt seinen Grimm aus deiner Angst."

61 - Markus 4.40
62 - Markus 9.23

Tritt dem Löwen entgegen und er wird verschwinden; lauf vor ihm davon, und er rennt dir hinterher.

In vorangegangenen Kapiteln habe ich gezeigt, wie der Löwe des Mangels verschwindet, wenn ein Mensch sein Geld furchtlos ausgibt, und seinen Glauben daran beweist, dass Gott ihn mit allem versorgt, und dass deshalb niemals Mangel herrschen kann.

Viele meiner Schüler haben sich aus den Fesseln der Armut befreit und sind nun im Überfluss versorgt, weil sie ihre Angst davor, Geld auszugeben, abgeworfen haben. Sie haben ihrem Unbewussten die Wahrheit eingeprägt, dass *Gott der Geber und die Gabe ist*, und dass sie, wenn sie eins mit dem Geber, auch eins mit der Gabe sind. Eine hervorragende Affirmation lautet: „Ich danke jetzt Gott, dem Geber, für Gott, die Gabe.“

Dadurch, dass der Mensch ständig an Mangel denkt, hat er sich soweit vom Glauben an Gottes Gaben entfernt, dass es manchmal schon Dynamit braucht, um falsche Vorstellungen aus seinem Unbewussten zu sprengen, und eine große Manifestation stellt dieses „Dynamit“ dar.

Im vorangegangenen Beispiel haben wir gesehen, wie ein Mensch, indem er *Furchtlosigkeit zeigte*, von seinen Fesseln befreit wurde.

Der Mensch sollte sich stündlich darauf überprüfen, ob die Motivation, für das was er tut, Furcht oder Glaube entspringt. „Wählet heute, wem wir dienen sollen“, der Furcht oder dem Glauben.

Vielleicht fürchten Sie bestimmte Personen. Dann gehen Sie diesen Leuten nicht aus Furcht aus dem Weg, sondern seien Sie bereit, ihnen guter Dinge entgegenzutreten, und sie werden sich entweder als „goldene Glieder in der Kette derer, die Ihrem Besten dienen“, erweisen oder harmonisch aus Ihrem Leben verschwinden.

Vielleicht fürchtet sich jemand vor Krankheit oder Erregern.

Dann sollte er in Umgebungen, wo Ansteckung droht, furchtlos und unbesorgt bleiben. So wird er dagegen immun.

Man kann sich nur infizieren, wenn man auf derselben Wellenlänge wie die Erreger schwingt, und Angst zieht den Menschen auf die Schwingungsebene von Bakterien hinab. Natürlich ist ein Krankheitserreger ein Produkt des irdischen Geistes, und alle Gedanken müssen sich vergegenständlichen. Im Überbewusstsein, dem Göttlichen Geist, gibt es keine Krankheitserreger, also sind sie nur Trugbilder, die der menschlichen Vorstellung entspringen.

Die Erlösung des Menschen erfolgt in einem Augenblick, sobald er realisiert, *dass das Übel keine Macht hat.*

Dann wird die materielle Welt verblassen und die Welt der vierten Dimension, die „Welt des Wundersamen", wird an ihre Stelle treten.

„Und ich sah einen neuen Himmel und eine neue Erde ..."[63] „Und der Tod wird nicht mehr sein, noch Leid noch Geschrei noch Schmerz wird mehr sein; denn das Erste ist vergangen."[64]

---

63 - Offenbarung 21.1
64 - Offenbarung 21.4

Liebe

Jeder Mensch auf diesem Planeten wird in die Liebe eingeweiht. „Das ist mein Gebot, dass ihr euch untereinander liebet, gleichwie ich euch liebe."[65] Ouspensky sagt in seinem Werk „Tertium Organum", dass „die Liebe ein kosmisches Phänomen ist", die dem Menschen die Welt der vierten Dimension eröffnet, „die Welt des Wundersamen".

Echte Liebe ist selbstlos und frei von Furcht. Sie ergießt sich über das Objekt der Zuneigung, ohne irgendeine Gegenleistung dafür zu erwarten. Ihre Freude ist die Freude am Geben. Liebe ist eine Manifestation Gottes und die mächtigste Anziehungskraft im Universum. Reine, selbstlose Liebe *zieht das ihr Eigene an*; sie braucht nicht danach zu suchen oder es zu verlangen. Kaum jemand hat auch nur eine vage Vorstellung von wahrer Liebe. Der Mensch ist selbstsüchtig, tyrannisch oder furchtsam in seiner Zuneigung und verliert dadurch das, was er liebt. Eifersucht ist der schlimmste Feind der Liebe, denn wenn die Einbildung mit dem Menschen durchgeht, sieht er, wie die geliebte Person sich zu einem anderen Menschen hingezogen fühlt. Werden diese Ängste nicht neutralisiert, werden sie unweigerlich Wirklichkeit.

Ein Beispiel: Eine Frau kam völlig aufgelöst zu mir. Der Mann, den sie liebte, hatte sie anderer Frauen wegen verlassen und ihr klipp und klar gesagt, dass er sie auf keinen Fall heiraten werde. Eifersucht und Groll nagten schwer an ihr und sie sagte, sie hoffe, dass er so leiden würde, wie sie jetzt seinetwegen litt. „Wie konnte er mich nur verlassen", fügte sie hinzu, „wo ich ihn doch so liebte?"

„Sie lieben diesen Mann nicht, sie hassen ihn", antwortete ich.

65 - Johannes 15.12

„Sie können unmöglich erhalten, was Sie nicht selbst gegeben haben. Schenken Sie vollkommene Liebe, dann werden Sie auch vollkommene Liebe empfangen. Nützen Sie diesen Mann dazu, sich zu vervollkommnen. Schenken Sie ihm vollkommene, *selbstlose* Liebe und erwarten Sie keine Gegenleistung, kritisieren und verdammen Sie ihn nicht, und segnen Sie ihn, wo auch immer er sein mag."

„Nein", erwiderte sie. „Ich werde ihn nicht segnen, solange ich nicht weiß, wo er ist!"

„Nun", sagte ich, „das ist keine wahre Liebe."

„Wenn Sie *wahre Liebe aussenden,* wird wahre Liebe zu Ihnen zurückkehren, entweder von diesem Mann oder von einem ihm gleichwertigen, denn wenn dieser Mann nicht die göttliche Wahl ist, werden Sie ihn nicht haben wollen. Da Sie mit Gott eins sind, sind Sie auch eins mit der Liebe, die Ihnen durch göttliches Recht zusteht."

Monate vergingen, in denen alles beim Alten blieb, doch sie arbeitete gewissenhaft an sich selbst. Ich sagte ihr: „Wenn Sie sich nicht länger wegen seiner Grausamkeit grämen, wird er aufhören, grausam zu sein, weil Sie dies durch Ihre eigenen Gefühle anziehen."

Dann erzählte ich ihr von einer Bruderschaft in Indien, deren Mitglieder sich nie mit „Guten Morgen" begrüßten. Stattdessen wählten sie die Worte: *„Ich grüße die Göttlichkeit in dir."* Sie grüßten die Göttlichkeit in jedem Menschen und in den wilden Tieren des Dschungels, und sie wurden nie verletzt, weil sie in jedem Lebewesen *nur Gott sahen.* Ich empfahl ihr: „Begrüßen Sie die Göttlichkeit in diesem Mann und sagen Sie: ‚Ich sehe nur dein göttliches Selbst. Ich sehe dich wie Gott dich sieht, vollkommen, geschaffen als sein Ebenbild.'"

Sie bemerkte bald, dass sie selbstsicherer wurde und ihren Groll nach und nach verlor.

Eines Tages sagte sie plötzlich: *„Gott segne ihn, wo immer er auch sei."*

„Das ist nun wahre Liebe", stellte ich fest. „Sobald die Situation Sie nicht mehr beeinträchtigt und nervt, werden Sie seine Liebe gewinnen oder eine gleichwertige Liebe anziehen."

Weil ich zu dieser Zeit umzog und kein Telefon hatte, hörte ich einige Wochen lang nichts von ihr. Doch eines Morgens erhielt ich einen Brief von ihr, in dem stand: „Wir haben geheiratet."

Sobald ich die Gelegenheit dazu hatte, besuchte ich sie. Meine ersten Worte waren: „Was ist passiert?"

„Oh", rief sie aufgeregt, „ein Wunder ist geschehen! Eines Morgens wachte ich auf und stellte fest, dass all mein Kummer und mein Schmerz verschwunden waren. Als ich mich am selben Abend mit ihm traf, bat er mich, seine Frau zu werden. Schon eine Woche später heirateten wir und ich habe nie einen hingebungsvolleren Mann gekannt."

Ein altes Sprichwort sagt: „Kein Mensch ist dein Feind, kein Mensch ist dein Freund, jeder Mensch ist dein Lehrer."

Deshalb sollte man unpersönlich an Situationen herangehen und das aufnehmen, was andere einen lehren können. So wird man schon bald seine Lektionen gelernt haben und frei sein.

Der Liebhaber der Frau lehrte sie selbstlose Liebe, etwas, das jeder Mensch früher oder später lernen muss.

Zu leiden, ist für die Entwicklung des Menschen nicht notwendig; es ist eine Folge der Verletzung Spiritueller Gesetze, aber nur wenige Menschen scheinen in der Lage zu sein, ohne Leid aus ihrem „Seelenschlaf" zu erwachen. Wenn Menschen glücklich sind, neigen sie dazu selbstsüchtig zu werden, und setzen damit automatisch das Gesetz des Karmas in Aktion. Menschen erleiden oft einen Verlust durch einen Mangel an Wertschätzung.

Ich kannte eine Frau, die einen sehr netten Ehemann hatte, aber oft sagte: „Dass ich verheiratet bin, bedeutet mir nichts, aber damit will ich nichts gegen meinen Ehemann sagen. Ich bin einfach nicht an einem Eheleben interessiert."

Sie hatte andere Interessen und war sich kaum bewusst, dass sie einen Ehemann hatte. Sie dachte nur an ihn, wenn sie ihn sah. Eines Tages erklärte ihr Ehemann ihr, dass er sich in eine andere Frau verliebt habe, und verließ sie. Aufgelöst und voller Groll kam sie zu mir.

Ich sagte ihr: „Was passiert ist, haben Sie selbst durch ihre Worte veranlasst. Sie haben gesagt, dass die Ehe Ihnen nichts bedeute, deshalb hat ihr Unbewusstes dafür gesorgt, dass die Ehe beendet wurde."

Sie antwortete: „Oh, ich verstehe. Die Leute bekommen, was sie sich wünschen, und dann fühlen sie sich schrecklich verletzt."

Schon bald gelang es ihr, sich harmonisch mit der Situation zu arrangieren, und ihr wurde klar, dass sie beide getrennt viel glücklicher waren.

Wenn eine Frau gleichgültig oder kritisch wird und aufhört, eine Inspiration für ihren Mann zu sein, vermisst er den Reiz aus den Anfängen der Beziehung und wird ruhelos und unglücklich.

Ein Mann kam zu mir, entmutigt, unglücklich und arm. Seine Frau interessierte sich für die „Wissenschaft von den Zahlen" (Numerologie) und hatte sich seine Zahlen deuten lassen. Das Ergebnis schien nicht besonders erfreulich ausgefallen zu sein, denn er sagte: „Meine Frau meint, dass aus mir nie etwas werden wird, weil ich eine Zwei bin."

Ich antwortete: „Mir ist egal, was Ihre Zahl ist. Im göttlichen Geist sind Sie eine vollkommene Idee, und wir werden den Erfolg und den Wohlstand einfordern, der von der Unendlichen Intelligenz *bereits für Sie geplant ist.*"

Innerhalb weniger Wochen hatte er eine gute Stelle gefunden und ein, zwei Jahre später hatte er großen Erfolg als Schriftsteller. Niemand hat im Berufsleben Erfolg, solange er seine Arbeit nicht liebt. Nur ein Bild, das ein Künstler aus Liebe (zu seiner Kunst) malt, wird ein Meisterwerk. Für das, was man uninspiriert und nur des Geldes wegen schafft, schämt man sich später oft lange.

Niemand kann Geld anziehen, der es verachtet. Viele Menschen bleiben in Armut, weil sie sagen: „Geld bedeutet mir nichts, und ich verachte Leute, die Geld haben."

Das ist der Grund, warum so viele Künstler arm sind. Ihre Verachtung für Geld trennt sie davon.

Ich erinnere mich daran, wie ein Künstler über einen anderen sagte: „Er ist kein guter Künstler, er hat ein dickes Bankkonto."

Dieses Geisteshaltung trennt den Menschen natürlich von seiner Versorgung; man muss in Harmonie mit etwas sein, um es anzuziehen.

Im Geld manifestiert sich Gott als Freiheit von Mangel und Beschränkung, aber es muss immer in Umlauf bleiben und richtig eingesetzt werden. Horten und Knausern rächen sich unerbittlich.

Das bedeutet nicht, dass der Mensch nicht Häuser und Grundstücke, Aktien und Wertpapiere besitzen soll, denn „die Scheunen der Rechtschaffenen sollen voll werden". Es bedeutet vielmehr, dass der Mensch nicht einmal das Grundkapital schonen sollte, wenn etwas eintritt, wofür dringend Geld erforderlich ist. Indem man es furchtlos und mit Freude weggibt, macht man den Weg für neue Einkünfte frei, weil Gott die unfehlbare und unerschöpfliche Versorgung des Menschen ist.

Dies ist die geistige Einstellung zum Geld, die dafür sorgt, dass die großartige Bank des Universums nie versagt.

Ein gutes Beispiel für das Horten liefert der Film „Greed" (Habgier). Eine Frau gewinnt fünftausend Dollar in der Lotterie, will sie aber nicht ausgeben. Sie hortet das Geld und geizt damit, lässt ihren Ehemann leiden und verhungern, und schrubbt schließlich sogar anderer Leute Böden, um sich den Lebensunterhalt zu verdienen. Sie liebt das Geld des Geldes wegen und stellt es über alles. Doch eines nachts wird sie ermordet und ihr Geld geraubt.

Dies ist ein Beispiel für den Satz: „Denn Geiz ist eine Wurzel allen Übels."[66] Geld an sich ist gut und nützlich, doch wenn man es für zerstörerische Zwecke einsetzt, es hortet und damit geizt, oder es wichtiger nimmt als die Liebe, bringt es Leid und Unheil und schließlich den Verlust des Geldes.

Folgen Sie dem Pfad der Liebe und alles wird Ihnen zufallen, *denn Gott ist Liebe* und *Gott ist die Versorgung*; folgen Sie dem Pfad der Selbstsucht und der Habgier, und die Versorgung versickert oder Sie werden von ihr getrennt.

Ich kenne zum Beispiel die Geschichte einer sehr reichen Frau, die all ihre Einkünfte hortete. Sie gab kaum etwas davon weg, aber sie kaufte und kaufte und kaufte Dinge für sich selbst.

Sie hatte ein Faible für Halsketten, und als eine Freundin sie einmal fragte, wie viele sie besäße, antwortete sie: „siebenundsechzig". Sie kaufte sie und verwahrte sie sorgfältig in Seidenpapier eingewickelt. Hätte sie die Halsketten getragen, wäre alles in Ordnung gewesen, doch stattdessen verletzte sie das „Gesetz des Gebrauchs". Ihre Schränke waren mit Kleidern gefüllt, die sie nie anzog, und mit reichlich Schmuck, der nie das Licht erblickt hatte.

Die Arme der Frau wurden allmählich gelähmt, weil sie so krampfhaft an Dingen festhielt, und schließlich wurde sie für

66 - 1. Timotheus 6.10

unmündig erklärt, und ihr Reichtum wurde anderen zu Verwaltung übertragen.

So zieht der Mensch, der das Gesetz nicht kennt oder nicht beachtet, seinen Ruin selbst an.

Alle Krankheit und alles Unglück sind die Folge einer Verletzung des Gesetzes der Liebe. Hass, Groll und Unzufriedenheit, die der Mensch ausstrahlt, kehren mit Krankheit und Sorgen beladen wie Bumerangs zu ihm zurück. Liebe scheint eine fast vergessene Kunst zu sein, doch der Mensch, der das Spirituelle Gesetz kennt, weiß, dass sie wiedererlangt werden muss, denn ohne die Liebe ist er nur „ein tönend Erz oder eine klingende Schelle".[67]

Ein Beispiel: Ich hatte eine Schülerin, die Monat für Monat zu mir kam, um ihren Geist von Groll zu reinigen. Nach einer Weile erreichte sie einen Punkt, an dem sie nur noch einer einzigen Frau gegenüber Groll hegte, aber diese Frau beschäftigte sie sehr. Doch nach und nach wurde sie selbstsicherer und harmonischer, und schließlich war ihr Groll gänzlich ausgelöscht.

Sie kam strahlend zu mir und rief: „Sie können sich nicht vorstellen, wie ich mich fühle! Die Frau hat etwas zu mir gesagt, doch anstatt wütend zu werden, war ich liebevoll und freundlich. Und siehe da: sie hat sich bei mir entschuldigt und war absolut liebenswürdig. Niemand kann sich das wunderbar leichte Gefühl vorstellen, das ich nun empfinde!"

Liebe und Wohlwollen sind im Geschäftsleben von unschätzbarem Wert. Ein Beispiel: Eine Frau kam zu mir und beklagte sich über ihre Chefin. Sie sagte, sie wäre kalt und überkritisch, und sie war sich sicher, dass die Frau ihr ihre Position nicht gönnte.

„Gut", antwortete ich, „dann grüßen Sie das Göttliche in dieser

67 - 1. Korinther 13.1

Frau und senden Sie ihr Liebe."

„Das kann ich nicht", erwiderte sie. „Sie ist aus Stein."

Ich antwortete: „Sie erinnern sich bestimmt an die Geschichte von dem Bildhauer, der um einen bestimmten Marmorblock bat. Als er gefragt wurde, warum er ausgerechnet diesen haben wollte, sagte er: ‚Weil ein Engel in diesem Marmorblock steckt.' Und er schuf ein wunderbares Kunstwerk aus dem Stein."

„Nun gut", meinte sie, „dann werde ich es versuchen." Einige Wochen später kam sie wieder und sagte: „Ich habe getan, was Sie mir empfohlen haben, und nun ist die Frau sehr nett zu mir und hat sogar einen Ausflug mit dem Auto mit mir gemacht."

Menschen plagt manchmal das schlechte Gewissen, weil sie zu jemandem - vielleicht schon vor Jahren - sehr unfreundlich waren.

Wenn sich der Fehler nicht wiedergutmachen lässt, kann man seine Folgen neutralisieren, in dem man jemandem *in der Gegenwart* etwas Gutes tut.

„Ich vergesse, was dahinten ist, und strecke mich zu dem, was da vorne ist."[68]

Kummer, Bedauern und Reue zermürben die Zellen des Körpers und vergiften die Stimmung des Menschen.

Eine Frau sagte niedergeschlagen zu mir: „Behandeln Sie mich, damit ich glücklich und voller Freud werde, weil mich mein Kummer den anderen Familienmitgliedern gegenüber so reizbar macht, dass ich ständig mehr schlechtes Karma ansammle."

Ich wurde gebeten, eine Frau „fernzubehandeln", die um ihre Tochter trauerte. Ich widersprach jedem Glauben an Verlust und Trennung und affirmierte, dass Gott der Frau Freude, Liebe und

68 - Philipper 3.13

Frieden war.

Die Frau fand ihr Gleichgewicht rasch wieder, sandte aber ihren Sohn zu mir, um mir ausrichten zu lassen, ich solle sie nicht länger „behandeln", weil sie „glücklicher sei, als sich das gehörte."

Wie wir sehen, neigt der „sterbliche Geist" dazu, an seinem Kummer und seiner Reue festzuhängen.

Ich kannte eine Frau, die gerne mit ihren Problemen „prahlte" und deshalb natürlich immer etwas zu prahlen hatte.

Eine althergebrachte Vorstellung vermittelt, dass eine Frau, die sich um ihre Kinder keine Sorgen macht, keine gute Mutter ist.

Heute wissen wir aber, dass die Angst der Mutter für viele der Krankheiten und Unfälle verantwortlich ist, die sich im Leben von Kindern ereignen.

Denn Angst erzeugt lebhafte Bilder einer Krankheit oder einer anderen gefürchteten Situation, und diese Bilder verwandeln sich in Realität, wenn sie nicht neutralisiert werden.

Glücklich ist die Mutter, die aufrichtig von sich sagen kann, dass sie ihr Kind in Gottes Hände gibt, und sich deshalb sicher ist, dass es unter göttlichem Schutz steht.

Ein Beispiel: Eine Frau wachte mitten in der Nacht plötzlich auf und hatte das Gefühl, dass ihr Bruder in großer Gefahr sei. Statt ihrer Angst nachzugeben, begann sie, die Wahrheit zu bekräftigen, indem sie sagte: „Der Mensch ist ein vollkommenes Konzept im göttlichen Geist, und er ist immer am richtigen Ort. Deshalb ist auch mein Bruder am richtigen Ort und steht unter göttlichem Schutz."

Am nächsten Tag erfuhr sie, dass ihr Bruder sich in unmittelbarer Nähe einer Explosion in einem Bergwerk aufgehalten hatte, sich aber auf wunderbare Weise hatte retten können.

So ist der Mensch (im Geiste) der Hüter seines Bruders, und jeder Mensch sollte wissen, dass alles, was er liebt, „unter dem

Schirm des Höchsten sitzt und unter dem Schatten des Allmächtigen bleibt."[69]

„Es wird dir kein Übel begegnen, und keine Plage wird zu deiner Hütte sich nahen."[70]

„Völlige Liebe treibt die Furcht aus; ... Wer sich aber fürchtet, der ist nicht völlig in der Liebe"[71], und „So ist nun die Liebe des Gesetzes Erfüllung."[72]

69 - Psalm 91.1
70 - Psalm 91.10
71 - 1. Johannes 4.18
72 - Römer 13.10

Intuition oder Führung

„Gedenke an ihn in allen deinen Wegen,
so wird er dich recht führen."[73]

Für einen Menschen, der die Macht seines Wortes kennt und seiner intuitiven Führung folgt, ist keine Aufgabe oder Herausforderung zu groß. Mit seinem Wort setzt er unsichtbare Kräfte in Aktion und kann damit seinen Körper erneuern oder seine Lebensumstände verändern.

Es ist also von größter Wichtigkeit, die richtigen Worte zu wählen. Der Schüler formt deshalb die Affirmationen, die er in das Unsichtbare aussenden will, mit Bedacht.

Er weiß, dass Gott seine Versorgung ist, dass die Versorgung jeden Bedarf decken kann, und dass das gesprochene Wort die Versorgung aktiviert.

„Bittet, so wird euch gegeben."[74]

Der Mensch muss den ersten Schritt tun. „Nahet euch zu Gott, so naht er sich zu euch."[75]

Ich wurde oft gefragt, wie man eine Manifestation bewirkt. Ich antworte darauf: „Sprich das Wort und unternimm daraufhin nichts, bevor du einen deutlichen Hinweis erhalten hast." Bitte um einen Hinweis, indem du sagst: „Unendlicher Geist, offenbare mir den Weg und lass mich wissen, ob es etwas gibt, das ich tun soll."

Die Antwort wird durch die Intuition (oder eine Eingebung) kommen, durch eine zufällige Bemerkung, die jemand fallen lässt, durch

73 - Sprüche 3.6
74 - Matthäus 7.7
75 - Jakobus 4.8

eine Stelle in einem Buch oder etwas Ähnliches. Und die Antworten sind manchmal verblüffend exakt.

Ein Beispiel: Eine Frau wünschte sich eine große Summe Geldes. Sie sprach die Worte: „Unendlicher Geist, öffne den Weg für meine sofortige Versorgung, lass jetzt alles, was mir nach göttlichem Recht zusteht, wie eine große Lawine der Fülle zu mir kommen." Und sie fügte hinzu: „Gib mir einen deutlichen Hinweis und lass mich wissen, ob es irgendetwas gibt, das ich tun soll."

Der Gedanke kam rasch: „Schenke einer bestimmten Freundin" (die ihr spirituell geholfen hatte) „hundert Dollar." Sie erzählte der betroffenen Freundin davon, die daraufhin sagte: „Warte auf eine weitere Eingebung, bevor du mir das Geld gibst." Also wartete sie und traf am selben Tag eine Frau, die zu ihr sagte: „Ich habe heute jemandem einen Dollar geschenkt; das war so viel für mich, als ob du jemandem hundert Dollar gegeben hättest."

Das war ein unmissverständlicher Hinweis und sie konnte sicher sein, dass es richtig war, die hundert Dollar zu verschenken. Das Geschenk erwies sich als ausgezeichnete Investition, denn kurze Zeit später kam ihr auf erstaunliche Weise ein großer Geldbetrag zu.

Geben öffnet den Weg dafür, zu empfangen. Um Schwung in die eigenen Finanzen zu bringen, sollte man geben und verschenken. Es ist ein alter jüdischer Brauch, ein Zehntel seines Einkommens zu verschenken; dabei kann man sicher sein, dass sich das eigene Geld vermehrt. Viele der reichsten Menschen im Land haben ein Zehntel ihres Einkommens verschenkt und ich kenne keinen einzigen Fall, bei dem diese Art der Investition erfolglos geblieben wäre.

Das Zehntel wird weggegeben und kehrt gesegnet und vervielfacht zurück. Doch das Geschenk muss mit Liebe und Freude gemacht werden, „denn einen fröhlichen Geber hat Gott lieb."[76] Rechnungen sollten freudig bezahlt werden und Geld sollte immer furchtlos und mit einem Segenswunsch ausgegeben werden.

Diese Geisteshaltung macht den Menschen zum Meister des Geldes. Es hat ihm zu gehorchen, dann öffnet sein gesprochenes Wort wahre Schatzkammern.

Der Mensch beschränkt seine Versorgung selbst durch sein begrenztes Vorstellungsvermögen. Manchmal hat ein Schüler zwar die Vorstellung von großem Reichtum, schreckt aber davor zurück zu handeln.

Vorstellung und Handeln müssen aber Hand in Hand gehen, wie bei dem Mann, der den pelzgefütterten Mantel kaufte.

Eine Frau kam zu mir und bat mich, „das Wort" für einen neue Arbeitsstelle zu sprechen. Also erklärte ich: „Unendlicher Geist, öffne dieser Frau den Weg zur richtigen Stelle." Bitten Sie nie nur um „einen Job"; bitten Sie um den richtigen Job, die Arbeitsstelle, die der göttliche Geist für Sie vorgesehen hat, denn nur diese Stelle wird Ihnen Zufriedenheit schenken.

Dann sprach ich Dank dafür, dass sie den Job bereits erhalten hatte, und dass er sich rasch manifestieren würde. Schon bald darauf, wurden ihr drei Stellen angeboten, zwei in New York und eine in Palm Beach. Nun wusste sie nicht, welche sie annehmen sollte. Ich empfahl ihr: „Bitten Sie um einen deutlichen Hinweis."

Ihre Bedenkzeit war beinahe abgelaufen und sie hatte sich noch immer nicht entschieden, als sie eines Tages anrief: „Als ich heute morgen aufwachte, konnte ich den Strand von Palm Beach riechen." Sie war schon einmal in Palm Beach gewesen und kannte den typischen Geruch dort.

76 - 2. Korinther 9.7

Ich antwortete: „Nun, wenn Sie Palm Beach von hier aus riechen können, ist das mit Sicherheit der Hinweis, um den Sie gebeten haben." Sie nahm die Stelle an und ihr großer Erfolg bewies, dass sie richtig gewählt hatte. Eingebungen kommen oft zu einem Zeitpunkt, an dem man sie nicht erwartet.

Eines Tages ging ich eine Straße entlang, als es mich plötzlich dazu drängte, zu einer bestimmten Bäckerei zu gehen, die einen oder zwei Straßenblocks entfernt lag.

Mein Verstand wandte ein: „Es gibt dort nichts, was du haben möchtest."

Doch weil ich gelernt hatte, mich meinen Eingebungen nicht zu widersetzen, ging ich trotzdem zu der Bäckerei und sah mir dort alles an. Es gab tatsächlich nichts, was ich haben wollte. Doch als ich den Laden verließ, begegnete ich einer Frau, an die ich oft gedacht hatte, und die dringend Hilfe brauchte, die ich ihr geben konnte.

So macht man sich oft wegen einer Sache auf den Weg und entdeckt dabei eine andere.

Intuition ist eine spirituelle Fähigkeit - sie erklärt nichts, sondern *weist einfach nur den Weg.*

Menschen erhalten oft während einer „Behandlung" einen Hinweis. Die Idee, die ihnen kommt, mag ihnen bedeutungslos erscheinen, aber Gottes Eingebungen sind manchmal „unergründlich".

In einem meiner Kurse habe ich einmal darum „gebeten", dass jeder einzelne Teilnehmer einen deutlichen Hinweis erhalten möge. Im Anschluss wandte sich eine Frau an mich und sagte: „Während Sie Ihre ‚Behandlung' durchgeführt haben, hatte ich die Eingebung, ich solle meine eingelagerten Möbel abholen und eine Wohnung mieten." Die Frau war in den Kurs gekommen, um wegen ihrer Gesundheit behandelt zu werden. Ich sagte ihr, ich sei mir sicher, dass ihre Gesundheit sich verbessern würde, wenn sie sich eine eigene Wohnung nähme. „Ich glaube", fügte ich hinzu, „dass Ihre gesundheitlichen Probleme, die auf Blockierungen beruhen, daher rühren, dass Sie Ihre Sachen ausgelagert haben. Wenn Dinge nicht im Fluss sind, spiegelt der Körper dies wider. Sie haben das Gesetz des Gebrauchs verletzt und ihr Körper zahlt die Strafe dafür."

Dann sagte ich Dank dafür, dass nun *die göttliche Ordnung in ihrem Geist, ihrem Körper und in ihren Angelegenheiten herrschte*".

Die meisten Menschen haben kaum eine Vorstellung davon, wie sich ihre äußeren Angelegenheiten auf ihren Körper auswirken. Jede Krankheit hat eine Entsprechung im Geiste. Es ist möglich, dass ein Mensch eine spontane Heilung erfährt, wenn er begreift, dass sein Körper ein vollkommenes Bild im göttlichen Geist und deshalb vollständig und vollkommen ist. Fährt er allerdings mit seinem destruktivem Denken, mit Horten, Hass, Angst und Verachtung fort, wird seine Krankheit wiederkehren.

Jesus Christus wusste, dass alle Krankheit von Sünde herrührt; deshalb ermahnte er den Aussätzigen nach dessen Heilung: „Sündige hinfort nicht mehr, dass dir nicht etwas Ärgeres widerfahre."[77]

Die Seele (oder das Unbewusste) des Menschen muss für eine dauerhafte Heilung also weißer als Schnee gewaschen werden; und der Metaphysiker forscht immer tief, um „geistige Entsprechungen" zu entdecken.

Jesus Christus sagte: „Richtet nicht, so werdet ihr auch nicht gerichtet. Verdammet nicht, so werdet ihr nicht verdammt."[78]

Viele Menschen haben dadurch Krankheit und Unglück angezogen, dass sie andere verurteilt haben. Denn was man an anderen verachtet und verurteilt, holt man sich ins eigene Leben.

77 - Johannes 5.14
78 - Lukas 6.37

Ein Beispiel: Eine Freundin kam wütend und verzweifelt zu mir, weil ihr Mann sie wegen einer anderen Frau verlassen hatte. Sie verurteilte die andere Frau deswegen und sagte ständig: „Sie wusste, dass er verheiratet war, und sie hatte kein Recht, sich auf seine Aufmerksamkeiten einzulassen."

Ich sagte: „Hören Sie auf, die Frau zu verdammen, segnen Sie sie und lassen Sie die Angelegenheit los, andernfalls ziehen Sie eine ähnliche Situation für sich selbst an."

Doch sie war taub für meine Worte, und ein oder zwei Jahre später verliebte sie sich selbst in einen verheirateten Mann.

Wenn man andere kritisiert und verurteilt, fasst man einen Draht an, der unter Strom steht, und muss damit rechnen, einen elektrischen Schlag zu bekommen.

Unentschlossenheit erweist sich für viele als Hindernis auf dem Weg. Um sie zu überwinden, sprechen Sie immer wieder diese Affirmation: *„Ich bin stets göttlich inspiriert; ich treffe rasch richtige Entscheidungen."*

Diese Worte prägen sich dem Unbewussten ein und Sie werden bald feststellen, dass Sie wachsam und aufmerksam sind und ohne zu zögern die richtigen Schritte tun. Ich finde es destruktiv, auf der physischen Ebene nach Führung zu suchen, denn es ist die Ebene vieler Geister und nicht die des „einen Geistes."

Öffnet der Mensch seinen Geist der Subjektivität, wird er zur Zielscheibe zerstörerischer Kräfte. Die Welt des Physischen ist ein Produkt des sterblichen Geistes des Menschen und befindet sich auf der „Ebene der Gegensätze". Er kann gute oder schlechte Botschaften empfangen.

Die Wissenschaft von den Zahlen und das Lesen von Horoskopen halten den Menschen auf der niederen mentalen (oder sterblichen) Ebene fest, weil sie sich nur mit dem karmischen Aspekt des Lebens befassen.

Ich kenne einen Mann, der seinem Horoskop zufolge schon seit Jahren tot sein müsste, der aber noch immer lebt und zu den Führungspersönlichkeiten einer der größten Bewegungen in diesem Land gehört, die sich um die geistige Entwicklung der Menschheit bemühen.

Es bedarf eines starken Geistes, um eine unheilvolle Prophezeiung zu neutralisieren. Der Schüler sollte affirmieren: „Jede falsche Prophezeiung ist nichtig; was nicht vom himmlischen Vater geplant ist, löst sich auf und verschwindet, und die göttliche Idee verwirklicht sich jetzt."

Wenn Sie aber irgendwann eine positive Botschaft erhalten haben, die bevorstehendes Glück oder Wohlstand verhieß, halten Sie daran fest und erwarten Sie, dass sie eintrifft, denn sie wird sich aufgrund das Gesetzes der Erwartung früher oder später verwirklichen.

Der Wille des Menschen sollte dazu eingesetzt werden, den universellen Willen zu unterstützen. „Ich will, dass der Wille Gottes geschehe."

Es ist Gottes Wille, jedem Menschen jeden rechtschaffenen Herzenswunsch zu erfüllen, und der Wille des Menschen sollte dazu eingesetzt werden, die vollkommene Vision ohne Wanken festzuhalten.

Der verlorene Sohn sagte: „Ich will mich aufmachen und zu meinem Vater gehen."[79]

Ja, es erfordert oft eine Willensanstrengung, die Irrungen und Wirrungen des sterblichen Denkens hinter sich zu lassen. Es ist für den durchschnittlichen Menschen viel einfacher, Angst statt Glauben zu hegen; der *Glaube erfordert deshalb eine Willensanstrengung.*

79 - Lukas 15.18

Wenn der Mensch spirituell erwacht, erkennt er, dass jede äußere auf einer entsprechenden geistigen Disharmonie beruht. Wenn er stolpert oder fällt, wird ihm klar, dass er in seinem Bewusstsein stolpert oder fällt.

Eines Tages ging eine Schülerin die Straße entlang und verurteilte jemanden in Gedanken. Sie dachte gerade: „Diese Frau ist der unsympathischste Mensch auf der Welt", als drei Pfadfinder um die Ecke gestürmt kamen und sie beinahe umrannten. Sie verurteilte die Pfadfinder nicht dafür, sondern rief sich sofort das Gesetz der Vergebung in Erinnerung und „begrüßte das Göttliche" in der Frau. Die Wege der Weisheit sind freundlich und ihre Pfade schenken Frieden.

Wenn jemand etwas vom universellen Geist fordert, muss er sich auf Überraschungen gefasst machen. Obwohl alles schiefzugehen scheint, geht in Wirklichkeit alles glatt.

Ein Beispiel: Einer Frau wurde erklärt, dass es im göttlichen Geist keinen Verlust gäbe und dass sie deshalb nichts verlieren könnte, was ihr gehörte; wenn ihr etwas verloren ginge, käme es wieder zurück, oder sie würde etwas Vergleichbares erhalten.

Einige Jahre davor hatte sie zweitausend Dollar verloren. Sie hatte das Geld einer Verwandten zu deren Lebzeiten geliehen, doch die Schuldnerin war gestorben und hatte in ihrem Testament nichts davon erwähnt. Die Frau war verärgert und voller Groll, und weil sie keinen schriftlichen Beleg für die Transaktion hatte, bekam sie das Geld nie zurück. Deshalb beschloss sie, den Verlust nicht zu akzeptieren und sich die zweitausend Dollar von der „Universalen Bank" zu holen. Sie musste damit beginnen, der verstorbenen Frau zu vergeben, weil Groll und Unversöhnlichkeit die Türen dieser wunderbaren Bank verschließen.

Sie affirmierte folgende Erklärung: „Ich akzeptiere den Verlust nicht, denn im göttlichen Geist gibt es keinen Verlust. Deshalb kann ich die zweitausend Dollar nicht verloren haben, die mir nach göttlichem Recht zustehen." *Wenn sich eine Tür schließt, öffnet sich eine andere.*

Sie wohnte in einem Mietshaus, das zum Verkauf stand, und in ihrem Vertrag gab es eine Klausel, die besagte, dass die Mieter im Falle des Verkaufs innerhalb von neunzig Tagen ausziehen müssten.

Aus heiterem Himmel beendete der Vermieter die Verträge und erhöhte die Miete. Wieder trat ihr eine Ungerechtigkeit in den Weg, doch dieses Mal blieb die Frau gelassen. Sie segnete den Vermieter und sagte: „Wenn die Miete erhöht wurde, bedeutet das, dass ich entsprechend reicher werde, denn ich werde von Gott versorgt."

Neue Verträge, die die Mieterhöhung festschrieben, wurden geschlossen, doch durch einen „göttlichen" Fehler wurde vergessen, die Neunzig-Tage-Klausel in die neuen Verträge zu übernehmen. Bald darauf hatte der Vermieter die Gelegenheit, das Haus zu verkaufen. Doch aufgrund des Fehlers in den Mietverträgen konnten die Mieter ein Jahr länger wohnen bleiben.

Der Makler bot jedem Mieter zweihundert Dollar an, der bereit war, sofort auszuziehen. Einige Familien zogen aus, aber drei Parteien blieben. Die Frau war eine davon. Ein, zwei Monate vergingen, da tauchte der Makler erneut auf. Diesmal sagte er zu der Frau: „Sind Sie bereit, den Mietvertrag für fünfzehnhundert Dollar zu beenden?" Da schoss es ihr durch den Kopf: „Hier kommen die zweitausend Dollar." Sie erinnerte sich daran, dass sie zu ihren Freunden in dem Haus gesagt hatte: „Wir werden alle gemeinsam handeln, wenn wir noch einmal aufs Ausziehen angesprochen werden." Sie beschloss deshalb, sich mit ihren Freunden zu beraten.

Ihre Freunde sagten: „Nun, wenn sie dir fünfzehnhundert Dollar angeboten haben, sind sie sicher auch bereit, dir zweitausend zu zahlen." Und sie erhielt tatsächlich einen Scheck über zweitausend

Dollar dafür, dass sie ihre Wohnung aufgab. Das Gesetz hatte auf bemerkenswerte Weise gewirkt und die scheinbare Ungerechtigkeit, die ihr widerfahren war, erwies sich nun als Türöffner für die Verwirklichung ihrer Erwartung.

Diese Episode belegt, dass es keinen Verlust gibt, und wenn der Mensch eine spirituelle Haltung einnimmt, empfängt er aus dem großen Füllhorn des Guten, was ihm zusteht.

„Und ich will euch die Jahre erstatten, welche die Heuschrecken ... gefressen haben.“[80]

Die Heuschrecken sind die Zweifel und Ängste, der Groll und der Kummer des sterblichen Bewusstseins.

Allein dieses negative Denken beraubt den Menschen, denn „niemand gibt dem Menschen etwas, außer er selbst, und niemand nimmt dem Menschen etwas, außer er selbst.“

Der Mensch ist hier, um Gott und die Wahrheit zu bezeugen, und das kann er nur, indem er Mangel in Fülle und Untergerechtigkeit in Gerechtigkeit transformiert.

„Prüft mich hierin, spricht der Herr Zebaoth, ob ich euch nicht des Himmels Fenster auftun werde und Segen herabschütten die Fülle.“[81]

80 - Joel 2.25
81 - Maleachi 3.10

Vollkommener Selbstausdruck oder der Göttliche Plan

„Kein Wind kann mein Boot vom Kurs abbringen
oder die Gezeiten des Schicksals ändern."[82]

Für jeden Menschen gibt es den perfekten Selbstausdruck. Es gibt einen Platz, den er ausfüllen soll, und den niemand anderes ausfüllen kann, etwas, das er zu tun hat, was niemand sonst zu tun vermag; es ist seine Bestimmung!

Diese Aufgabe ist als vollkommene Idee im Göttlichen Geist festgelegt und wartet darauf, dass der Mensch sie erkennt und übernimmt. Da Vorstellungsvermögen und Kreativität eng miteinander verbunden sind, muss der Mensch eine Idee erst klar vor Augen haben, bevor sie sich verwirklichen kann.

Deshalb ist es für den Menschen von höchster Wichtigkeit, die *Göttliche Bestimmung in seinem Leben zu erkennen.*

Auch wenn der Mensch nicht die geringste Ahnung von seiner Bestimmung hat, verfügt er doch sehr wahrscheinlich über ein wunderbares Talent, das tief in ihm verborgen liegt.

Er sollte deshalb affirmieren: *„Unendlicher Geist, öffne dem Göttlichen Plan für mein Leben den Weg, sich zu manifestieren; lege meine Begabung frei; lass mich den vollkommenen Plan deutlich erkennen."*

Im vollkommenen Plan sind Gesundheit, Wohlstand, Liebe und vollendeter Selbstausdruck vorgesehen. Diese vier Faktoren bilden das *Quadrat des Lebens*, das vollkommenes Glück bringt. Wer seine göttliche Bestimmung findet, wird wahrscheinlich feststellen, dass sich in seinem Leben große Veränderungen vollziehen, denn die

82 - John Burroughs: Waiting

allermeisten Menschen wandeln weit außerhalb des Göttlichen Plans.

Ich weiß von einer Frau, bei der die Veränderung wirkte, als hätte ein Orkan all ihre Angelegenheiten völlig durcheinander gewirbelt. Doch schon bald fügte sich alles zusammen und wunderbare neue Lebensumstände traten an die Stelle der alten.

Vollkommener Selbstausdruck ist nie mühevolle Arbeit, sondern eine faszinierende Aufgabe, in der man so aufgeht, dass sie einem beinahe wie ein Spiel vorkommt. Der Schüler weiß auch, dass der Mensch, sobald er in die von Gott ausgestattete Welt eintritt, rechtzeitig mit allem versorgt wird, was er für seinen vollkommenen Selbstausdruck benötigt.

Viele begabte Menschen schlagen sich jahrelang mit dem Problem der Versorgung herum, obwohl ihr gesprochenes Wort und ihr Glaube sie rasch mit allem Nötigen versorgen würde.

Zum Beispiel: Eines Tages kam nach einer Unterrichtsstunde ein Mann zu mir und gab mir einen Cent. Er sagte: „Alles, was ich habe, sind sieben Cent. Ich gebe Ihnen einen davon, denn ich glaube fest an die Macht des von Ihnen gesprochenen Wortes. Ich möchte, dass Sie für mich das Wort für meinen vollkommenen Selbstausdruck und für Wohlstand sprechen."

Ich erfüllte ihm den Wunsch und sah ihn erst ein Jahr später wieder. Er kam eines Tages, erfolgreich, glücklich und mit einem Bündel Geld in der Tasche zu mir. „Bald nachdem Sie das Wort für mich gesprochen hatten, wurde mir ein Job in einer anderen Stadt angeboten, und alles hat sich verwirklicht. Ich bin nun gesund, glücklich und mit allem versorgt."

Der perfekte Selbstausdruck kann für eine Frau auch darin bestehen, eine perfekte Ehefrau, Mutter oder Hausfrau zu werden und nicht notwendigerweise darin, Karriere zu machen.

Bitten Sie um deutliche Hinweise, und der Weg wird Ihnen leichtgemacht und von Erfolg gekrönt sein.

Man sollte nicht versuchen, selbst ein geistiges Bild zu erzeugen oder eine Vision zu erzwingen. Wenn Sie darum bitten, dass Ihnen der Göttliche Plan bewusst wird, werden Sie Inspirationen erhalten und vor Ihrem inneren Auge sehen, wie Sie Großes erreichen. Dies ist die bildhafte Vorstellung oder Idee, an der Sie unbeirrt festhalten müssen.

Das, was der Mensch sucht, sucht ihn - *das Telefon hat Graham Bell gesucht!*

Eltern sollten ihren Kindern niemals Karrieren oder Berufe aufzwingen. Wer mit der spirituellen Wahrheit vertraut ist, kann den Göttlichen Plan schon in der frühen Kindheit und sogar vor der Geburt für ein Kind „anfordern".

Sprechen Sie für eine vorgeburtliche „Behandlung" folgende Worte: „Lass das Göttliche in diesem Kind vollkommenen Ausdruck finden; lass den Göttlichen Plan für seinen Geist, seinen Körper und seine Angelegenheiten sich sein ganzes Leben und in alle Ewigkeit in ihm verwirklichen."

Gottes Wille geschehe, nicht der des Menschen; Gottes Plan, nicht der des Menschen lautet die Anweisung, die sich durch alle Schriften zieht, und die Bibel ist ein Buch, dass sich mit der Wissenschaft vom Bewusstsein befasst. Sie sagt dem Menschen, wie er seine Seele (oder sein Unbewusstes) aus ihren Fesseln befreien kann.

Die geschilderten Kämpfe sind Bilder von Menschen, die gegen ihre sterblichen Gedanken zu Felde ziehen. „Des Menschen Feinde werden seine eigenen Hausgenossen sein."[83] Jeder Mensch ist Josa-

83 - Matthäus 10.36

phat und jeder Mensch ist David, der Goliath (das sterbliche Denken) mit dem kleinen weißen Stein (seinem Glauben) besiegt.

Deshalb muss der Mensch aufpassen, dass er nicht zum „Schalk und faulen Knecht"[84] wird, der seine Talente in der Erde vergräbt. Eine schreckliche Strafe droht dem, der seine Fähigkeiten nicht nutzt.

Oft steht Angst zwischen einem Menschen und seinem vollkommenen Selbstausdruck. Lampenfieber hat schon viele begabte Menschen behindert. Diese Angst kann durch Affirmationen oder eine Behandlung überwunden werden. Die betroffene Person verliert dann jegliche persönliche Befangenheit und empfindet sich lediglich als Kanal für die Unendliche Intelligenz, die sich durch ihn ausdrückt.

Sie steht unter direkter Eingebung, furchtlos und selbstsicher, denn sie spürt, dass es der „Vater in ihr" ist, der das Werk vollbringt.

Ein Junge kam oft mit seiner Mutter zum Unterricht. Er bat mich, „das Wort" für die bevorstehenden Prüfungen in der Schule für ihn „zu sprechen".

Ich empfahl ihm, folgende Affirmation zu wiederholen: „Ich bin eins mit der Unendlichen Intelligenz. Ich weiß alles, was ich in diesem Fach wissen muss." Er war sehr gut in Geschichte, aber mit dem Rechnen haperte es etwas bei ihm. Als ich ihn einige Zeit später wieder traf, erzählte er mir: „Ich habe die Affirmation für die Mathematikprüfung gesprochen und sehr gut abgeschnitten; aber ich dachte, dass ich mich in Geschichte ganz auf mich selbst verlassen könne, und habe eine schlechte Note bekommen." Der Mensch erfährt oft einen Rückschlag, wenn er „sich seiner selbst zu sicher" ist, was bedeutet, dass er seiner Persönlichkeit mehr vertraut, als dem

84 - Matthäus 25.26

„Vater in ihm".

Eine meiner Schülerinnen gab mir ein Beispiel dafür. Sie unternahm während eines Sommers eine ausgedehnte Reise und besuchte viele Länder, in denen sie die Sprache nicht verstand. Sie bat immer wieder um Führung und Schutz, und alles lief glatt und wunderbar. Ihr Gepäck kam niemals zu spät an und ging auch nie verloren! In den besten Hotels war immer ein Zimmer für sie frei und wo immer sie hinkam, erhielt sie perfekten Service. Schließlich kehrte sie nach New York zurück. Weil es hier kein Sprachproblem gab, hatte sie das Gefühl, Gott wäre nicht länger nötig, und sie erledigte ihre Angelegenheiten wieder auf die übliche Weise.

Nun lief alles schief, ihr Gepäck kam zu spät an und auch sonst ging es drunter und drüber. Der Schüler muss es sich zur Gewohnheit machen, die „Gegenwart Gottes" jederzeit und in allem wahrzunehmen. „Gedenke an ihn in allen deinen Wegen"[85]; nichts ist zu klein oder zu groß.

Manchmal kann sich ein unscheinbares Ereignis als Wendepunkt im Leben eines Menschen erweisen.

Robert Fulton „sah" ein Dampfschiff, als er beobachtete, wie Wasser in einem Teekessel kochte!

Ich erlebe oft, wie ein Schüler die Verwirklichung von etwas hemmt, weil er Widerstand leistet oder versucht, den Ablauf zu bestimmen.

Der Betreffende fixiert seinen Glauben auf einen einzigen „Kanal" und legt damit genau fest, *wie* eine Verwirklichung ablaufen soll. Doch damit bringt er den Vorgang zum Stillstand.

„Mein Weg, nicht deiner!", lautet die Weisung der Unendlichen Intelligenz an uns. Wie jede Form von Energie, sei es Dampf oder

85 - Sprüche 3.6

84

Strom, benötigt sie für ihr Wirken eine Maschine oder ein Werkzeug, das ihr keinen Widerstand entgegensetzt. Der Mensch ist ein solches Werkzeug.

Wieder und wieder wird dem Menschen nahegelegt, „still zu stehen". „Aber ihr werdet nicht streiten in dieser Sache. Tretet nur hin und steht und seht das Heil des Herrn, der mit euch ist, Juda und Jerusalem. Fürchtet euch nicht und zaget nicht. Morgen zieht aus wider sie; der Herr ist mit euch."[86]

Wir sehen dies an der Frau, die ihre zweitausend Dollar über den Vermieter erhielt, als sie *ihren Widerstand aufgab und sich unbeirrt zeigte,* und in der Geschichte der anderen Frau, die die Liebe ihres Mannes wiedergewann, „nachdem alles Leiden zu Ende war."

Das Ziel des Schülers ist vor allem *Gelassenheit! Gelassenheit ist Kraft,* denn sie gibt der Gotteskraft die Möglichkeit, durch den Menschen zu strömen, „denn Gott ist's, der in euch wirkt beides, das Wollen und das Vollbringen, nach seinem Wohlgefallen."[87]

Mit Gelassenheit denkt er klar und trifft „rasch die richtigen Entscheidungen". Er wird sich keine Chance entgehen lassen.

Ärger verschleiert die Sicht, vergiftet das Blut, ist die Ursache vieler Krankheiten und veranlasst falsche Entscheidungen, die zu Misserfolg führen.

Er wurde oft als eine der schlimmsten „Sünden" bezeichnet, da seine Wirkung so schädlich ist. Der Schüler lernt, dass der Begriff Sünde in der Metaphysik eine viel weiter reichende Bedeutung als in der alten Lehre hat. „Was aber nicht aus dem Glauben geht, das ist Sünde."[88]

Er stellt fest, dass Angst und Sorge tödliche Sünden sind. Sie sind

86 - 2. Chronik 20.17
87 - Philipper 2.13
88 - Römer 14.23

ins Gegenteil verkehrter Glaube, und durch die verzerrten mentalen Bilder, die sie bewirken, bringen sie das hervor, was der Betreffende fürchtet. Die Arbeit des Schülers besteht darin, diese Feinde (aus seinem Unbewussten) zu verjagen. „Wenn der Mensch *furchtlos ist, ist er vollkommen!*" Maeterlinck sagt: „Der Mensch ist Gott in Angst."

Fassen wir zusammen, was wir in den vorangegangenen Kapiteln gelesen haben: Der Mensch kann seine Angst nur bezwingen, wenn er dem entgegentritt, das er fürchtet. Als Josaphat und sein Heer sich darauf vorbereiteten, dem Feind entgegenzutreten, und dabei sangen: „Danket dem Herrn; denn seine Barmherzigkeit währet ewiglich."[89], stellten sie fest, dass sich ihre Feinde gegenseitig vernichtet hatten, und dass niemand übrig war, gegen den sie kämpfen mussten.

Ein Beispiel: Eine Frau bat eine Freundin, einer anderen Freundin etwas auszurichten. Die Freundin fürchtete sich davor, die Botschaft weiterzugeben, weil ihr Verstand ihr sagte: „Lass dich nicht in diese Angelegenheit hineinziehen, richte die Botschaft nicht aus."

Weil sie aber ihrer Freundin ein Versprechen gegeben hatte, plagte sie ein schlechtes Gewissen. Schließlich beschloss sie, „dem Löwen entgegenzutreten", und auf das Gesetz des Göttlichen Schutzes zu vertrauen. Sie traf sich mit der Freundin, der sie die Botschaft ausrichten sollte. Als sie den Mund dazu öffnete, sagte die Freundin: „Der-und-der hat die Stadt verlassen." Damit war die Botschaft, die sie hätte weitergeben sollen, hinfällig geworden, weil sie nur von Bedeutung gewesen war, solange sich die Person in der Stadt aufgehalten hatte. Als sie bereit war, die Botschaft auszurichten, war es nicht mehr nötig; als sie ihre Angst davor aufgegeben hatte, löste

---

89 - 2. Chronik 20.21

sich die Sache von alleine auf.

Schüler verzögern eine Verwirklichung oft dadurch, dass sie nicht an die Vollendung glauben. Sie sollten folgendes affirmieren: „Der Göttliche Geist kennt nur Vollkommenheit, deshalb ist meine Manifestation bereits vollendet: mein optimaler Job, mein perfektes Heim, meine vollkommene Gesundheit."

Was immer der Mensch fordert, ist eine vollkommene Idee im Göttlichen Geist und muss sich „unter Gnade auf vollkommene Weise" verwirklichen. Deshalb dankt der Schüler dafür, dass er sein Wunschobjekt - wenn auch noch unsichtbar - bereits empfangen hat, und bereitet sich aktiv darauf vor, dass er es in sichtbarer Form erhält.

Eine meiner Schülerinnen brauchte dringend eine finanzielle Manifestation. Sie kam zu mir und fragte mich, wieso diese sich nicht vollende.

Ich antwortete: „Vielleicht haben Sie die Angewohnheit, vieles nicht zu Ende zu führen, und Ihr Unbewusstes hat Ihre Gewohnheit übernommen, Dinge unvollendet zu lassen (wie im Äußeren, so im Inneren)."

Sie sagte: „Sie haben recht. Ich beginne oft etwas, bringe es aber nicht zu Ende. Ich gehe gleich nach Hause und mache etwas fertig, das ich vor Wochen begonnen habe, und ich bin sicher, dass dies symbolisch für meine Manifestation wirken wird."

Also begann sie emsig zu nähen, und das Kleidungsstück war bald fertig. Kurz darauf bekam sie das Geld, das sie erwartete, auf ungewöhnliche Weise.

Ihr Mann erhielt sein Gehalt in diesem Monat zweimal ausbezahlt. Er wies die Firma auf den Fehler hin, bekam aber mitgeteilt, er solle das Geld behalten.

Wenn der Mensch bittet und *fest an die Erfüllung glaubt, muss er empfangen*, weil Gott sich seine eigenen Kanäle schafft!

Ich werde manchmal gefragt: „Angenommen, jemand hat zwei Begabungen, wie weiß er dann, welche er wählen soll?" Meine Antwort darauf lautet: „Bitte um eindeutige Hinweise." Sage: „Unendlicher Geist, gib mir einen eindeutigen Hinweis und offenbare mir meinen vollkommenen Selbstausdruck; zeige mir, welche Begabung ich nun einsetzen soll."

Ich habe Menschen erlebt, die plötzlich eine neue Berufsrichtung einschlugen und dafür trotz geringer Vorbildung mit allem Nötigen ausgestattet waren. Affirmieren Sie deshalb: *„Ich bin für den Göttlichen Plan meines Lebens komplett ausgestattet"*, und nehmen Sie Gelegenheiten, die sich Ihnen bieten, ohne Furcht wahr.

Manche Menschen geben mit Freude, sträuben sich aber zu nehmen. Sie weisen Geschenke aus Stolz oder anderen negativen Gründen zurück, blockieren damit ihre Kanäle und haben früher oder später unweigerlich nur Wenig oder Nichts.

Ein Beispiel: Einer Frau, die sehr viel Geld verschenkt hatte, wurden einige Tausend Dollar als Geschenk angeboten. Sie lehnte ab es anzunehmen, mit der Begründung, es nicht zu brauchen. Bald darauf wurden ihre Finanzen knapp, und sie hatte Schulden in Höhe des Betrags, der ihr als Geschenk angeboten worden war. Der Mensch sollte „das Brot, das über das Wasser zu ihm zurückkehrt"[90], dankbar annehmen - „umsonst habt ihr gegeben, umsonst werdet ihr empfangen."

Es gibt immer ein perfektes Gleichgewicht zwischen Geben und Empfangen. Auch wenn der Mensch beim Geben nicht daran denken sollte, dass er etwas dafür bekommt, verletzt er trotzdem das Gesetz, wenn er nicht annimmt, was zu ihm zurückkehrt. Denn alle

90 - Prediger 11.1

Geschenke kommen von Gott, der Mensch ist lediglich ein Kanal.

Ein Geschenk sollte nie geringgeschätzt werden.

Ein Beispiel: Als der Mann mir den einen Cent gab, sagte ich nicht: „Armer Mann, er kann es sich nicht leisten, ihn mir zu geben." Ich sah ihn als reichen und wohlhabenden Mann, dem zufloss, was er brauchte. Es war dieser Gedanke, der ihn dazu machte. Wenn jemand ein schlechter Empfänger ist, muss er zu einem guten werden, und selbst eine Briefmarke annehmen, die ihm jemand schenkt, um den Kanal fürs Empfangen zu öffnen.

Gott liebt einen freudigen Empfänger genauso wie einen freudigen Geber.[91]

Ich werde oft gefragt, warum ein Mensch reich und gesund geboren wird und ein anderer arm und krank. Alles was geschieht, hat eine Ursache; einen Zufall gibt es nicht.

Die Antwort auf diese Frage liefert das Gesetz der Reinkarnation. Der Mensch durchläuft viele Geburten und Tode, bis er die Wahrheit erkennt, die in aus dem Kreislauf befreit.

Er kehrt wieder und wieder auf die irdische Ebene zurück, angezogen von unerfülltem Verlangen, um seine karmischen Schulden zu begleichen oder um „sein Schicksal zu erfüllen".

Der Mensch, der reich und gesund geboren wird, hatte in seinem vorangegangenen Leben Bilder von Gesundheit und Reichtum in seinem Unbewussten gespeichert; der arme und kranke Mensch Bilder von Krankheit und Armut. Der Mensch manifestiert auf jeder Ebene alles, woran sein Unbewusstes glaubt.

Geburt und Tod sind vom Menschen aufgestellte Gesetze, denn „der Tod ist der Sünde Sold"[92]; der „Sündenfall" resultiert aus dem

---

91 - In Anlehnung an: 2. Korinther 9.7
92 - Römer 6.23

Glauben der Menschen an *zwei Mächte*. Der wahre, der spirituelle Mensch ist ohne Geburt und Tod! Er wurde nie geboren und ist nie gestorben - „Wie er am Anfang war, ist er jetzt und wird es in alle Ewigkeit sein!"

Durch die Wahrheit wird der Mensch also vom Gesetz des Karmas, von Sünde und Tod befreit und verwirklicht den Menschen, der „ihm zum Bilde"[93] ist. Der Mensch erhält seine Freiheit, indem er sein Schicksal erfüllt und den Göttlichen Plan seines Lebens verwirklicht.

„Da sprach sein Herr zu ihm: Ei, du frommer und getreuer Knecht, du bist über wenigem getreu gewesen, ich will dich über viel (sogar über den Tod) setzen; gehe ein zu deines Herrn Freude (in das ewige Leben)!"[94]

93 - 1. Mose 1.27
94 - Matthäus 25.21

Verneinungen und Affirmationen

„Was du dir wirst vornehmen, wird er dir lassen gelingen."[95]

Alles Gute, das im Leben des Menschen geschehen soll, ist im göttlichen Geist bereits vollbracht und verwirklicht sich auf der irdischen Ebene dadurch, dass der Mensch es in Gedanken oder durch das gesprochene Wort anerkennt. Der Mensch muss deshalb gewissenhaft darauf achten, dass nur die göttliche Idee verwirklicht wird, denn oft zieht er durch seine „unbedachten Worte" Misserfolg und Unglück an. Es ist deshalb von größter Wichtigkeit, dass er seine Wünsche, wie bereits in einem vorangegangenen Kapitel beschrieben, korrekt formuliert.

Wenn man sich ein Haus, einen Freund, eine berufliche Position oder etwas anderes Gutes wünscht, muss man darauf achten, den Wunsch mit der „göttlichen Wahl" zu verknüpfen.

Ein Beispiel: „Unendlicher Geist, öffne mir den Weg zum richtigen Haus, zum richtigen Freund, zur richtigen Stelle. Ich sage Dank dafür, dass *sich mein Wunschobjekt jetzt unter Gnade auf perfekte Weise in meinem Leben manifestiert.*"

Der zweite Teil der Wunschformulierung ist dabei sehr wichtig. Ich kannte zum Beispiel eine Frau, die sich tausend Dollar wünschte. Ihre Tochter wurde verletzt und sie erhielten tausend Dollar als Entschädigung. Das Geld kam also, aber nicht auf „perfekte Weise". Sie hätte ihren Wunsch etwa so formulieren sollen: „Unendlicher Geist, ich danke dafür, dass die tausend Dollar, die mir nach göttlichem Recht zustehen, nun freigegeben werden und

95 - Hiob 22.28

mir unter Gnade auf perfekte Weise zufließen."

Während ein Mensch sein finanzielles Bewusstsein entwickelt, sollte er darum bitten, dass die enormen Geldsummen, die ihm nach göttlichen Recht zustehen, unter Gnade auf perfekte Weise zu ihm kommen.

Kein Mensch kann mehr anziehen, als er selbst für möglich hält, weil ihm die beschränkten Erwartungen seines Unbewussten Grenzen setzen. Er muss seine Erwartungen ausdehnen, um in größerem Umfang zu empfangen.

Der Mensch schränkt sich in seinen Wünsche häufig selbst ein. Ein Beispiel: Ein Schüler wünschte sich zu einem bestimmten Termin sechshundert Dollar. Er bekam sie auch, doch kurz darauf erfuhr er, dass er beinahe tausend Dollar erhalten hätte, aber aufgrund seines Wunsches nur sechshundert bekam.

„Und sie kränkten den Heiligen Israels."[96] Wohlstand ist eine Frage des Bewusstseins. Es gibt eine alte Geschichte aus Frankreich, die als gutes Beispiel dafür dient: Ein armer Mann ging die Straße entlang, als er einem Reisenden begegnete, der ihn anhielt und zu ihm sagte: „Mein guter Freund, ich sehe du bist arm. Nimm diesen Goldklumpen, verkaufe ihn und du wirst bis zum Ende deiner Tage reich sein."

Der Mann war hocherfreut über sein großes Glück und nahm den Goldklumpen mit nach Hause. Er fand sofort einen Job und verdiente bald so gut, dass er den Goldklumpen nie verkaufte. Jahre vergingen und er wurde ein sehr reicher Mann.

Eines Tages begegnete er auf der Straße einem armen Mann. Er hielt ihn an und sagte: „Guter Freund, ich schenke dir diesen Goldklumpen. Wenn du ihn verkaufst, wird er dich so reich machen, dass

96 - Psalm 78.41

du es dein Leben lang bleibst." Der Bettler nahm den Goldklumpen, ließ ihn schätzen und erfuhr, dass er nur aus Messing bestand. Wir sehen also, dass der erste Mann reich wurde, weil er sich, im festen Glauben, einen Goldklumpen zu besitzen, reich fühlte.

Jeder Mensch trägt einen Goldklumpen in sich; *es ist das Bewusstsein von Gold, von Reichtum und Überfluss, das Reichtum in sein Leben bringt.* Indem er die Erfüllung seiner Wünsche fordert, beginnt der Mensch am *Ende seiner Reise*, das heißt: er erklärt, dass er bereits empfangen hat. *„Ehe sie rufen, will ich antworten!"*[97]

Durch wiederholte Affirmationen verwurzelt sich der Glaube im Unbewussten.

Es wäre nicht einmal notwendig, eine Affirmation mehr als einmal auszusprechen, wenn der Betreffende nur den vollkommenen Glauben hätte! Man sollte nicht betteln oder flehen, sondern sich stattdessen immer wieder dafür bedanken, dass man das Gewünschte bereits erhalten hat.

„Das dürre Land wird fröhlich stehen und wird blühen wie die Lilien."[98]

Die Freude über das, was sich noch im „dürren Land" (im Bewusstseinszustand) befindet, öffnet den Weg zu dessen Manifestation.

Das Vaterunser ist in der Form von Forderungen abgefasst: „Unser tägliches Brot gib uns heute; und vergib uns unsre Schuld, wie auch wir vergeben unsren Schuldigern". Und es endet mit der Lobpreisung: „Denn Dein ist das Reich und die Kraft und die Herrlichkeit in Ewigkeit. Amen."

„Weist [...] das Werk meiner Hände zu mir!"[99]

97 - Jesaja 65.24
98 - Jesaja 35.1
99 - Jesaja 45.11

Gebete sind also Anforderungen, Lobpreis und Dank. Die Aufgabe des Schülers besteht darin, sich selbst in den Glauben zu versetzen, dass „mit Gott alle Dinge möglich sind."

Theoretisch ist dies alles leicht gesagt; erheblich schwieriger wird es jedoch, wenn man vor einem konkreten Problem steht. Ein Beispiel: Eine Frau benötigte einen großen Geldbetrag, der sich innerhalb eines bestimmten Zeitraums manifestieren sollte. Ihr war klar, dass sie *etwas tun musste*, damit sich ihr Wunsch erfüllen konnte, und sie bat um einen „Hinweis".

Als sie durch ein Kaufhaus schlenderte, entdeckte sie einen wunderschönen rosa emaillierten Brieföffner. Sie fühlte sich von ihm förmlich angezogen, und ihr ging der Gedanke durch den Kopf: „Ich habe gar keinen Brieföffner, der gut genug wäre, Umschläge mit großen Schecks zu öffnen."

Also kaufte sie sich den Brieföffner, obwohl ihr Verstand ihn als extravagant und zu teuer ansah. Während sie ihn in der Hand hielt, blitzte vor ihrem inneren Auge ein Bild auf, in dem sie mit dem Brieföffner einen Umschlag aufschnitt, der einen großen Scheck enthielt. Einige Wochen später erhielt sie den Betrag. Der rosa Brieföffner hatte ihr als greifbares Symbol ihres unerschütterlichen Glaubens gedient.

Es gibt viele Geschichten, die von der Macht des Unbewussten erzählen, das vom Glauben geleitet wird.

Ein Beispiel: Ein Mann verbrachte die Nacht in einem Bauernhaus. Das Fenster des Zimmers war zugenagelt. Mitten in der Nacht hatte der Mann das Gefühl, ersticken zu müssen, deshalb tappte er im Dunkeln zum Fenster. Weil er es nicht öffnen konnte, schlug er mit der Faust die Scheibe ein, atmete in tiefen Zügen die frische Luft ein und schlief den Rest der Nacht wunderbar.

Am nächsten Morgen stellte er fest, dass er im Dunkeln die

Scheibe eines Bücherschranks eingeschlagen hatte, und dass das Fenster die ganze Nacht über fest verschlossen gewesen war. Er hatte *sich mit dem bloßen Gedanken daran selbst mit Sauerstoff versorgt.*

Wenn ein Schüler einmal mit einer Manifestation begonnen hat, sollte er auf keinen Fall davon zurücktreten. „Denn wer da zweifelt ...“[100] „Solcher Mensch denke nicht, dass er etwas von dem Herrn empfangen werde.“[101]

Ein Schüler gab einmal folgende wundervolle Erklärung ab: „Wenn ich den Vater um etwas bitte, stampfe ich mit dem Fuß auf und sage: Vater, ich werde mich auf keinen Fall mit weniger zufrieden geben, als worum ich gebeten habe, aber mit mehr!“ Der Mensch sollte also nie Kompromisse machen: „Wenn alles getan ist - steh still.“[102] Dies ist manchmal die schwierigste Phase bei einer Manifestation, in der man leicht in Versuchung gerät, aufzugeben oder Kompromisse zu machen.

„Auch der dient, der nur steht und wartet.“[103]

Manifestationen verwirklichen sich oft erst in der elften Stunde, weil der Mensch dann loslässt und aufhört, sich Gedanken zu machen. Nun hat die Unendliche Intelligenz die Gelegenheit zu wirken.

„Lustlose Wünsche eines Menschen werden lustlos beantwortet, und seine ungeduldigen Wünsche werden mit langer Verzögerung oder gewalttätig erfüllt.“

Ein Beispiel: Eine Frau fragte mich, warum sie ständig ihre Brille verlor oder zerbrach. Wir fanden heraus, dass sie oft ärgerlich zu

---

100 - Jakobus 1.6
101 - Jakobus 1.7
102 - In Anlehnung an 2. Chronik 20.17
103 - John Milton: Sonnet XIX: When I Consider How my Light is Spent

sich selbst oder zu anderen sagte: „Ich wünschte mir, ich könnte meine Brille loswerden." Und ihr ungeduldiger Wunsch wurde auf gewaltsame Weise erfüllt. Sie hätte sich vollkommene Sehfähigkeit wünschen sollen, doch was sie ihrem Unbewussten einprägte, war nur der ungeduldige Wunsch, ihre Brille loszuwerden. Die Brille wurde deshalb immer wieder zerbrochen oder ging verloren.

Zwei Geisteshaltungen verursachen Verlust: Missbilligung wie in dem Fall der Frau, die ihren Ehemann nicht zu schätzen wusste, oder *Verlustängste*, die dem Unbewussten ein Bild des Verlustes einprägen.

Wenn es dem Schüler gelingt, sein Problem loszulassen (seine Last abzuwerfen), wird er eine Manifestation nach der anderen erleben.

Ein Beispiel: Eine Frau war an einem sehr stürmischen Tag unterwegs und ihr Regenschirm wurde vom Wind umgestülpt und zerrissen. Sie war auf dem Weg zu Leuten, die sie zum ersten Mal traf, und sie wollte dort nicht mit einem kaputten Regenschirm vor der Türe stehen. Sie konnte ihn aber auch nicht wegwerfen, weil er ihr nicht gehörte. Deshalb rief sie ihn ihrer Verzweiflung: „Oh, Gott, kümmere du dich um den Regenschirm, ich weiß nicht was ich tun soll."

Einen Augenblick später hörte sie hinter sich eine Stimme sagen: „Meine Dame, möchten Sie ihren Schirm repariert haben?" Sie wandte sich um und da stand ein Schirmflicker.

„Ja", antwortete sie, „das wäre mir sehr lieb."

Der Mann reparierte den Regenschirm, während sie in das Haus ging, um ihren Besuch abzustatten, und als sie zurückkam, hatte sie wieder einen intakten Regenschirm. Auf dem Lebensweg des Menschen ist immer ein Schirmflicker zur Stelle, wenn man seinen Schirm (oder die jeweilige Situation) in Gottes Hände legt.

Auf eine Ablehnung oder Zurückweisung sollte man immer eine Affirmation folgen lassen.

Ein Beispiel: Eines Tages wurde ich spät am Abend angerufen und gebeten, einen Mann „zu behandeln", der mir nie begegnet war. Er war offensichtlich schwer krank. Ich sprach die Worte: „Ich weise das Auftreten dieser Krankheit zurück. Sie ist unwirklich und kann sich deshalb nicht in seinem Bewusstsein einnisten. Dieser Mann ist eine vollkommene Idee im göttlichen Geist, ein reines Wesen, das Vollkommenheit ausdrückt."

Im göttlichen Geist gibt es weder Raum noch Zeit, deshalb erreicht das Wort sein Ziel augenblicklich und „kehrt nicht leer zurück"[104]. Ich habe Patienten in Europa aus der Ferne behandelt und festgestellt, dass sich das Resultat augenblicklich einstellte.

Ich werde oft gefragt, worin der Unterschied zwischen einer Visualisierung und einer Vision besteht. Etwas zu visualisieren, ist ein mentaler Vorgang, der durch den Verstand oder bewusstes Denken gelenkt wird; eine Vision ist ein spiritueller Vorgang, der von der Intuition oder dem Unbewussten beherrscht wird. Der Schüler sollte seinen Geist dahingehend trainieren, dass er solche aufblitzenden Inspirationen empfängt, und die „göttlichen Bilder" mithilfe deutlicher Hinweise ausarbeitet.

Wenn ein Mensch von sich sagen kann: „Ich wünsche mir nur das, was Gott für mich wünscht", verblassen die falschen Wünsche in seinem Bewusstsein und verschwinden daraus, und er erhält vom Meisterarchitekten, Gott in seinem Inneren, einen Satz neuer Blaupausen. Gottes Plan für jeden einzelnen Menschen sprengt und überwindet die Beschränkungen des Verstandes und sieht immer Gesundheit, Wohlstand, Liebe und vollkommene Selbstverwirkli-

---

104 - In Anlehnung an Jesaja 55.11

chung vor. Mancher Mensch baut sich in seiner Vorstellung einen Bungalow, anstatt sich einen Palast zu errichten.

Wenn ein Schüler versucht, eine Manifestation (durch den Verstand) zu erzwingen, bringt er sie zum Stillstand. „Ich werde es beschleunigen", spricht der Herr. Der Schüler sollte nur aufgrund seiner Intuition oder eindeutiger Hinweise handeln. „Sei stille dem Herrn und warte auf ihn;[105] ... und hoffe auf ihn, er wird's wohl machen."[106]

Ich habe das Gesetz wieder und wieder auf die erstaunlichste Weise wirken gesehen. Ein Beispiel: Eine Schülerin sagte mir, dass sie bis zum nächsten Tag hundert Dollar haben müsse. Es ging um eine dringende Schuld, die sie unbedingt begleichen musste. Ich „sprach das Wort" für sie und erklärte, dass der Geist sich nie verspäte und dass das Geld, das sie benötigte, schon bereitläge.

Am selben Abend rief sich mich an, um mir von einem Wunder zu berichten. Sie erzählte mir, dass ihr der Gedanke gekommen sei, zu ihrem Bankschließfach zu gehen, um einige Unterlagen zu überprüfen. Sie sah die Papiere durch und entdeckte dabei ganz unten in der Box einen neuen Hundert-Dollar-Schein. Sie war verblüfft darüber und sagte, dass sie sicher sei, die Banknote nicht in die Box gelegt zu haben; sie hatte die Unterlagen schon öfter durchgesehen und der Schein war ihr dabei nie aufgefallen.

Es mag eine Materialisierung gewesen sein, so wie bei Jesus Christus, unter dessen Händen sich Brot und Fisch materialisierten. Irgendwann wird der Mensch die Stufe erreichen, auf der „das Wort zu Fleisch wird", das heißt, sich augenblicklich materialisiert. „Das Feld, reif zur Ernte", wird sich sofort materialisieren, so wie es bei

105 - Psalm 37.7
106 - Psalm 37.5

allen Wundern, die Jesus Christus wirkte, der Fall war.

Allein in dem Namen Jesus Christus steckt eine gewaltige Macht. Er steht für die *Fleisch gewordene Wahrheit*. Er sagte: „So ihr den Vater etwas bitten werdet in meinem Namen, so wird er's euch geben."[107]

Die Macht dieses Namens erhebt den Schüler in die vierte Dimension, wo er von allen irdischen und psychischen Einflüssen befreit wird, um „von allem unabhängig und absolut" zu werden, so wie Gott „von allem unabhängig und absolut ist."

Ich habe viele Heilungen erlebt, die durch die Worte „Im Namen Jesu Christi" erzielt wurden.

Christus war sowohl eine Person als auch ein Prinzip; und der Christus, der jedem Menschen innewohnt, ist dessen Retter und Erlöser.

Der innewohnende Christus ist das eigene Selbst in der vierten Dimension, der Mensch, der „nach dem Bilde Gottes"[108] geschaffen wurde. Dies ist das Selbst, das niemals versagt, weder Krankheit noch Leid kennt, das nie geboren wurde und das niemals stirbt. Es ist die „Auferstehung und das Leben" eines jeden Menschen! „Niemand kommt zum Vater denn durch den Sohn"[109], bedeutet, dass Gott, der Universale, der anstelle des Einzelnen wirkt, zum Christus im Menschen wird. Heiliger Geist bedeutet: Gott in Aktion. So manifestiert der Mensch Tag für Tag die Dreieinigkeit von Vater, Sohn und Heiligem Geist.

Der Mensch sollte aus dem Denken eine Kunst machen. Der Meisterdenker ist ein Künstler, der sorgsam darauf achtet, nur göttliche Bilder auf die Leinwand seines Bewusstseins zu malen. Er malt

107 - Johannes 16.23
108 - 1. Mose 5.1
109 - In Anlehnung an Johannes 14.6

diese Bilder mit meisterhaften Strichen voller Kraft und Entschlossenheit und in dem vollkommenen Glauben, dass es keine Macht gibt, die ihre Perfektion beeinträchtigen könnte, und dass sie sich in seinem Leben manifestieren werden, indem das Ideale zur Wirklichkeit wird.

Dem Menschen ist alle Macht gegeben (durch richtiges Denken), *seinen Himmel* auf *seine Erde* zu holen, und dies ist das Ziel im *„Spiel des Lebens.“*

Die einfachen Regeln fordern furchtlosen Glauben, Widerstandslosigkeit und Liebe!

Möge jeder Leser jetzt von dem befreit werden, was ihn seit Urzeiten in Fesseln hielt und was zwischen ihm und dem, was ihm zusteht, stand, und „die Wahrheit erkennen, die ihn frei macht“, seine Bestimmung zu erfüllen und den *„göttlichen Plan seines Lebens,* Gesundheit, Wohlstand, Liebe und den vollkommenen Selbstausdruck“ zu verwirklichen.

„Verändert euch durch die Erneuerung eures Sinnes.“[110]

---

110 - Römer 12.2

Affirmationen

Für Wohlstand

Meine Versorgung durch Gott ist unerschöpflich. Große Geldsummen kommen rasch, unter Gnade und auf vollkommene Weise.

Für günstige Umstände

Jeder Plan, der nicht vom Vater im Himmel stammt, löst sich auf und verschwindet, und die Göttliche Idee tritt jetzt in Erscheinung.

Nur was für Gott zutrifft, trifft für mich zu, denn der Vater und ich sind eins.

Göttliche Liebe löscht nun jeden falschen Zustand in meinem Bewusstsein, meinem Körper und meinen Angelegenheiten aus. Göttliche Liebe ist die mächtigste Chemikalie im Universum und *löst alles auf*, was nicht aus ihr selbst kommt!

Für Glauben

Da ich eins bin mit Gott, bin ich eins mit meinem Guten, denn Gott ist *Geber* und *Gabe* zugleich.

Gesundheit

Göttliche Liebe überflutet mein Bewusstsein mit Gesundheit, und jede Zelle meines Körpers ist von Licht erfüllt.

Führung

Ich achte auf göttliche Eingebungen und füge mich sofort Deinem Willen.

Sehkraft

Meine Augen sind Gottes Augen, ich sehe mit den Augen des Geistes. Ich sehe deutlich den offenen Weg, auf dem es keine Hindernisse gibt und erkenne klar den vollkommenen Plan.

Hörkraft

Meine Ohren sind die Ohren Gottes, ich höre mit den Ohren des Geistes. Ich bin widerstandslos und willens, mich führen zu lassen. Ich höre Botschaften, die mir Freude bereiten.

Arbeit

Ich habe wundersamerweise
den Job meiner Träume entdeckt.
Ich leiste hervorragende Arbeit,
die Bezahlung ist perfekt.

Loslassen

Ich werfe dieses Anliegen auf den Christus in mir und bin frei!

Über die Autorin

Florence Scovel Shinn wurde am 24. September 1871 in Camden, New Jersey (USA) geboren und starb am 17. Oktober 1940. Ursprünglich Künstlerin und Buchillustratorin, entwickelte sie sich in ihrer Lebensmitte zu einer bekannten spirituellen New Thought-Lehrerin und Autorin metaphysischer Schriften.

„The Game of Life and How to Play It" (Das Lebensspiel und wie es gespielt wird) war ihr erstes Buch, das sie 1925 in Eigenregie veröffentliche. Zwei weitere folgten: „Your Word is Your Wand" (1928) und „The Secret Door to Success" (1940).

Auch über siebzig Jahre nach ihrem Tod, sind ihre Ansichten und Vorstellungen heute noch aktuell und lebendig. Viele bekannte spirituelle Autor(inn)en und Lehrer(innen) unserer Tage, wie beispielsweise Louise Hay, sind offenkundig von Florence Scovel Shinns Weltbild und ihrer Lehre beeinflusst.

Buchtipp

Mit seinem Buch „Wie wir denken, so leben wir" (As A Man Thinketh) liefert James Allen nichts Geringeres als einen Schlüssel zu einem selbstbestimmten Leben. Dabei macht er kein Geheimnis daraus, dass er diesen Schlüssel nicht selbst „erfunden" hat. Vielmehr hat er ihn wiederentdeckt: in alten Schriften wie der Bibel und dem Dhammapada (einer Anthologie von Aussprüchen des historischen Buddha), in traditionellen westlichen und östlichen Philosophien und Denkweisen.

Was er schließlich zu Papier brachte, beruhte auf den Erkenntnissen, die er aus diesen Lehren gezogen hat, und vor allem auf seinen persönlichen Erfahrungen. Denn James Allen war alles andere als ein Theoretiker.

Er hat sich kurz gefasst, und das ist ein Vorteil, denn ein Buch wie dieses liest man nicht einmal, sondern wieder und wieder, bis das vermittelte Wissen sich dem Unbewussten eingeprägt hat und zur verlässlichen Grundlage des eigenen Denkens und Handelns geworden ist. Das ist wichtig, denn erst so kann es seine Wirkung entfalten und zu nachhaltigen Veränderungen führen.

Wie wir denken, so leben wir (As A Man Thinketh)
Der Klassiker des bekannten Autors James Allen in neuer deutscher Übersetzung

BOD – Paperback: 978-3-7322-4960-2 – E-Book: 978-3-7322-2180-6

Edition Weisheiten aus Jahrtausenden